CONTEÚDO DIGITAL PARA ALUNOS

Cadastre-se e transforme seus estudos em uma experiência única de aprendizado:

1 Escaneie o QR Code para acessar a página de cadastro.

2 Complete-a com seus dados pessoais e as informações de sua escola.

3 Adicione ao cadastro o código do aluno, que garante a exclusividade de acesso.

2633026A4211947

Agora, acesse:
www.editoradobrasil.com.br/leb
e aprenda de forma inovadora e diferente! :D

Lembre-se de que esse código, pessoal e intransferível, é válido por um ano. Guarde-o com cuidado, pois é a única maneira de você utilizar os conteúdos da plataforma.

Editora do Brasil

AKPALÔ MATEMÁTICA

Adilson Longen
- Licenciado em Matemática pela Universidade Federal do Paraná (UFPR)
- Mestre em Educação com linha de pesquisa em Educação Matemática pela UFPR
- Doutor em Educação com linha de pesquisa em Educação Matemática pela UFPR
- Professor do Ensino Fundamental e do Ensino Médio

1º ANO
Ensino Fundamental
Anos Iniciais

MATEMÁTICA

Palavra de origem africana que significa "contador de histórias, aquele que guarda e transmite a memória do seu povo".

São Paulo, 2019
4ª edição

Dados Internacionais de Catalogação na Publicação (CIP)
(Câmara Brasileira do Livro, SP, Brasil)

Longen, Adilson
　　Akpalô matemática, 1º ano / Adilson Longen. – 4. ed.
– São Paulo: Editora do Brasil, 2019. – (Coleção Akpalô)

　　ISBN 978-85-10-07511-4 (aluno)
　　ISBN 978-85-10-07512-1 (professor)

　　1. Matemática (Ensino fundamental) I. Título. II. Série.

19-26436　　　　　　　　　　　　　　　　　CDD-372.7

Índices para catálogo sistemático:
1. Matemática : Ensino fundamental 372.7
Maria Alice Ferreira - Bibliotecária - CRB-8/7964

4ª edição/1ª impressão, 2019
Impresso na AR Fernandez Gráfica

Rua Conselheiro Nébias, 887
São Paulo, SP – CEP 01203-001
Fone: +55 11 3226-0211
www.editoradobrasil.com.br

© Editora do Brasil S.A., 2019
Todos os direitos reservados

Direção-geral: Vicente Tortamano Avanso

Direção editorial: Felipe Ramos Poletti
Gerência editorial: Erika Caldin
Supervisão de arte e editoração: Cida Alves
Supervisão de revisão: Dora Helena Feres
Supervisão de iconografia: Léo Burgos
Supervisão de digital: Ethel Shuña Queiroz
Supervisão de controle de processos editoriais: Roseli Said
Supervisão de direitos autorais: Marilisa Bertolone Mendes

Supervisão editorial: Rodrigo Pessota
Coordenação pedagógica: Josiane Sanson
Consultoria técnica: Eduardo Wagner
Edição: Andriele de Carvalho Landim
Assistência editorial: Ana Cristina Mendes Perfetti, Erica Aparecida Capasio Rosa e Viviane Ribeiro
Copidesque: Giselia Costa, Ricardo Liberal e Sylmara Beletti
Revisão: Alexandra Resende, Andreia Andrade e Elaine Silva
Pesquisa iconográfica: Camila Lago e Elena Ribeiro
Assistência de arte: Letícia Santos
Design gráfico: Estúdio Sintonia e Patrícia Lino
Capa: Megalo Design
Imagens de capa: SergiyN/iStockphoto.com, asiseeit/iStockphoto.com e Davidf/iStockphoto.com
Ilustrações: Bianca Pinheiro, Brambilla, Bruna Ishihara, Cibele Santos, Claudinei Fernandes, Daniel Klein, Danillo Souza, Danilo Dourado, Diego Munhoz, Eduardo Westin/Estúdio Epox, Erik Malagrino, Erika Onodera, Estúdio Udes, Fabiana Faiallo, Fabio Nienow, Fernando Raposo, Flip, Hélio Senatore, Ilustra Cartoon, José Wilson Magalhães, Luana Costa, Marcos de Mello, Mario Pita, Reinaldo Rosa, Reinaldo Vignati, Saulo Nunes Marques e Weberson Santiago (abertura de unidade)
Produção cartográfica: DAE (Departamento de Arte e Editoração) e Alessandro Passos da Costa
Coordenação de editoração eletrônica: Abdonildo José de Lima Santos
Editoração eletrônica: Armando F. Tomiyoshi e José Anderson Campos
Licenciamentos de textos: Cinthya Utiyama, Jennifer Xavier, Paula Harue Tozaki e Renata Garbellini
Controle de processos editoriais: Bruna Alves, Carlos Nunes, Rafael Machado e Stephanie Paparella

QUERIDO ALUNO,

APRESENTO A VOCÊ UM CAMINHO DIFERENTE PARA APRENDER MATEMÁTICA.

ESTE LIVRO É UM DOS INSTRUMENTOS QUE O AJUDARÃO DURANTE ESTE ANO A TRILHAR ESSE CAMINHO.

VOCÊ ENCONTRARÁ AQUI UMA DIVERSIDADE DE ATIVIDADES, MOMENTOS DIFERENTES E INTERESSANTES, CURIOSIDADES E ATÉ AQUELES DESAFIOS QUE LHE PERMITIRÃO DESENVOLVER-SE COM AUTONOMIA.

ESPERAMOS QUE VIVENCIE ATIVAMENTE CADA UMA DESSAS PÁGINAS E, NO FINAL DO ANO, POSSA CONCLUIR QUE NÃO SÓ APRENDEU COMO TAMBÉM FEZ MATEMÁTICA.

BOA JORNADA!

O AUTOR

SUMÁRIO

UNIDADE 1
NOÇÕES E DESLOCAMENTOS 6

- UM PASSEIO NO PARQUE 8
- BRINCADEIRAS DIVERSAS............................. 9
  NOÇÕES DE MEDIDAS
- MEU DESENHO 13
  COMPARAÇÕES: IGUAL E DIFERENTE
  - ➢ COMO EU VEJO: AS DIFERENÇAS 16
  - ➢ COMO EU TRANSFORMO 18
- O TEMPO QUE O TEMPO TEM 19
  NOÇÕES DE MEDIDA DE TEMPO
- INDO AO CINEMA E AO TEATRO 22
  OUTRAS NOÇÕES DE MEDIDAS
  - ➢ MATEMÁTICA EM AÇÃO 24
- PEGA-PEGA 26
  FRENTE, ATRÁS, PERTO, LONGE
- PEIXES E OUTROS BICHOS 28
  OUTRAS NOÇÕES DE POSIÇÃO
- UM PASSEIO DE BICICLETA 33
  DESLOCAMENTOS E ORIENTAÇÕES
  - ➢ #DIGITAL 37
- ➢ REVENDO O QUE APRENDI 38

UNIDADE 2
COMPARANDO QUANTIDADES 42

- DESCOBRINDO OS NÚMEROS 44
- O JOGO COMEÇOU! 45
  UTILIZANDO NÚMEROS
- QUEM VAI GANHAR? 48
  MAIS E MENOS
- ERA UMA VEZ... 50
  UM, DOIS, TRÊS, QUATRO, CINCO
- O ANIVERSÁRIO DE MARINA 53
  SEIS, SETE, OITO, NOVE
- FICOU SEM NADA! 59
  ZERO, ORDEM CRESCENTE E ORDEM DECRESCENTE
- TUDO FORA DE ORDEM! 64
  NÚMEROS ORDINAIS

- ➢ REVENDO O QUE APRENDI 66

UNIDADE 3
NOÇÕES DE ADIÇÃO 70

- VOLEIBOL COM BALÃO 72
- O JOGO DE BASQUETE 73
  IDEIAS DE ACRESCENTAR E JUNTAR
- BRINCANDO COM JOGOS 79
  REPRESENTAÇÃO DA ADIÇÃO
- BRINCANDO COM ADIÇÃO 82
  SITUAÇÕES DE ADIÇÃO

- ➢ REVENDO O QUE APRENDI 88

UNIDADE 4
NOÇÕES DE SUBTRAÇÃO 92

SUBTRAINDO QUANTIDADES..................94

DESENHOS E FOTOGRAFIAS....................95
IDEIAS DE RETIRAR, COMPARAR, COMPLETAR E SEPARAR

COLECIONANDO FIGURINHAS.....................101
REPRESENTAÇÃO DA SUBTRAÇÃO

OBSERVANDO À NOSSA VOLTA 105
SITUAÇÕES DE SUBTRAÇÃO

ADIVINHE QUANTO É! 109
SITUAÇÕES DE ADIÇÃO E SUBTRAÇÃO

> REVENDO O QUE APRENDI 114
> PARA IR MAIS LONGE 117

UNIDADE 5
SISTEMA DE NUMERAÇÃO DECIMAL 118

SENHOR CAPITÃO 120

MAIS PARLENDAS 121
O NÚMERO 10

ESCONDE-ESCONDE 125
SEQUÊNCIA NUMÉRICA ATÉ 20

UMA PARTIDA DE FUTEBOL................130
NÚMEROS ATÉ 39

QUANTAS TAMPINHAS? 135
NÚMEROS ATÉ 100

> MATEMÁTICA EM AÇÃO....................140

O QUE POSSO COMPRAR?...................142
SITUAÇÕES DE COMPRA E VENDA

> REVENDO O QUE APRENDI 144

UNIDADE 6
NOÇÕES DE GRANDEZAS E MEDIDAS 148

NA AULA DE EDUCAÇÃO FÍSICA 150

O TEMPO PERGUNTOU PARA O TEMPO......151
MEDIDA DE TEMPO

QUAL É SUA ALTURA? 156
MEDIDA DE COMPRIMENTO

PESANDO UM GATINHO 162
MEDIDA DE MASSA

É PRECISO TOMAR ÁGUA 167
MEDIDA DE CAPACIDADE

> MATEMÁTICA EM AÇÃO....................170
> REVENDO O QUE APRENDI 172
> PARA IR MAIS LONGE 175

UNIDADE 7
NOÇÕES DE GEOMETRIA 176

ORGANIZANDO OBJETOS NA SALA DE AULA......178

CONSTRUINDO BONECOS....................179
FIGURAS GEOMÉTRICAS NÃO PLANAS

> #DIGITAL 182

QUAL É O NOME?........................184
ESFERA, CUBO, CONE, CILINDRO E BLOCO RETANGULAR

DESENHANDO CONTORNOS 189
FIGURAS GEOMÉTRICAS PLANAS

MAIS FORMAS E MAIS NOMES 192
CÍRCULO, QUADRADO, RETÂNGULO E TRIÂNGULO

> COMO EU VEJO: O TRÂNSITO 196
> COMO EU TRANSFORMO 198
> MATEMÁTICA EM AÇÃO....................199

> REVENDO O QUE APRENDI 200

UNIDADE 8
OUTRAS NOÇÕES 204

DE OLHO NO LIXO! 206

RECICLANDO O LIXO....................207
NOÇÕES DE PESQUISA, TABELAS E GRÁFICOS

INFORMAÇÕES E MAIS INFORMAÇÕES.............210
TRATAMENTO DA INFORMAÇÃO EM OUTRAS SITUAÇÕES

SORTE OU AZAR........................213
NOÇÃO DE ACASO

ESTUDANDO EM GRUPO 216
NOÇÕES DE MULTIPLICAÇÃO E DIVISÃO

> REVENDO O QUE APRENDI 220

+ ATIVIDADES 224
REFERÊNCIAS 240
ENCARTES 241

UNIDADE 1
NOÇÕES E DESLOCAMENTOS

DESCUBRA QUAL É A CASA DE LUÍZA.
- NÃO É A CASA MAIS LARGA NEM É A MAIS BAIXA.
- ESTÁ ENTRE DUAS CASAS DE MESMA ALTURA.

UM PASSEIO NO PARQUE

OBSERVE A IMAGEM DE UM PARQUE.

- RECORTE AS IMAGENS DAS PESSOAS DA PÁGINA 241 E COLE A FIGURA DA PESSOA MAIS IDOSA NO BANCO E A DA MAIS JOVEM NO BALANÇO.
- DESENHE NA CENA UM EDIFÍCIO MAIS ALTO DO QUE OS DEMAIS.
- PINTE O TRONCO DAS ÁRVORES DE ACORDO COM A LEGENDA:

  ■ MAIS FINO.
  ■ MAIS GROSSO.

  NESSA SITUAÇÃO VOCÊ COMPAROU OS ELEMENTOS QUE APARECEM NA IMAGEM.

BRINCADEIRAS DIVERSAS
NOÇÕES DE MEDIDAS

VÁ AO PÁTIO COM O PROFESSOR E OS COLEGAS. BRINQUE DE **ALTURA**, **ALTURINHA**.

1 OBSERVE AS CORDAS QUE A PROFESSORA LEVOU. QUAL É A MAIS COMPRIDA? CONTORNE-A.

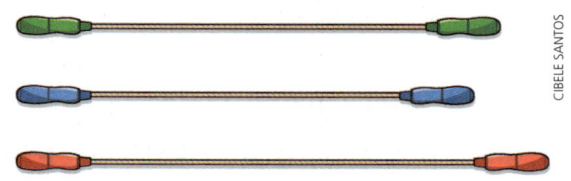

2 QUAL É O MAIS ALTO ENTRE OS ALUNOS QUE ESTÃO EM FRENTE À ESCOLA? MARQUE-O COM **X**.

3 OBSERVE A IMAGEM ABAIXO E CONTORNE A PESSOA MAIS BAIXA.

A BICICLETA

[...]
SOU SUA AMIGA BICICLETA.
SOU EU QUE TE LEVO PELOS PARQUES A CORRER.
TE AJUDO A CRESCER E EM DUAS RODAS DESLIZAR.
EM CIMA DE MIM O MUNDO FICA À SUA MERCÊ
VOCÊ RODA EM CIMA E O MUNDO EMBAIXO DE VOCÊ.
CORPO AO VENTO, PENSAMENTO SOLTO PELO AR,
PRA ISSO ACONTECER BASTA VOCÊ ME PEDALAR.
[...]

"A BICICLETA", TOQUINHO/MUTINHO © TONGA
ED. MUSICAL LTDA./UNIVERSAL MUSIC PUBL. MGB BRASIL LTDA.

4 PINTE O CAMINHO MAIS LARGO QUE UTILIZAMOS PARA PEDALAR.

5 MAÍRA, FLÁVIA E PAULA APROVEITARAM O DIA DE SOL PARA SOLTAR PIPAS.

A) A PIPA DE FLÁVIA É A MENOR DE TODAS. PINTE-A DE **AMARELO**.

B) A PIPA DE PAULA NÃO É A MAIOR DE TODAS. PINTE-A DE **AZUL**.

C) QUAL DAS PIPAS É DE MAÍRA? PINTE-A.

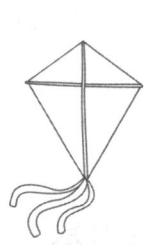 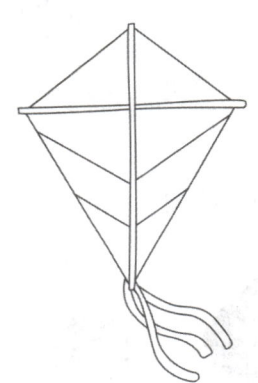 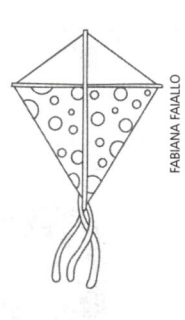

6 A BICICLETA DE MINHA MELHOR AMIGA TEM O PNEU MAIS FINO. ENCONTRE MINHA AMIGA E PINTE A BICICLETA DELA.

7 EM UMA VIAGEM DE CARRO COM MINHA FAMÍLIA, SEGUIMOS POR UM CAMINHO ESTREITO E COM MUITAS ÁRVORES DE TRONCO FINO. PERCORRA COM LÁPIS O CAMINHO QUE FIZEMOS.

8 DESCUBRA QUEM É MARIA!

- NÃO É A MAIS ALTA NEM A MAIS BAIXA.
- A COR DO TÊNIS DELA É DIFERENTE DA COR DA CAMISETA.

9 QUAL DAS JARRAS DE SUCO ESTÁ VAZIA? MARQUE-A COM **X**.

MEU DESENHO
COMPARAÇÕES: IGUAL E DIFERENTE

COM OS MEUS LÁPIS DE COR,
DESENHEI UM PASSARINHO.
ELE FICOU TÃO PERFEITO
QUE ATÉ VOOU PRO NINHO.

BANDEIRA, PEDRO
POR ENQUANTO SOU PEQUENO/PEDRO BANDEIRA; ILUSTRAÇÕES DE ATTÍLIO. 3. ED. SÃO PAULO: MODERNA, 2009. – (SÉRIE PEQUENOS E SABIDOS) P. 8.

PINTE O PASSARINHO QUE FOI DESENHADO.

HÁ UMA DIFERENÇA NOS DOIS POMBINHOS A SEGUIR. FALE PARA OS COLEGAS QUAL É ELA.

◆ PINTE UM DOS POMBINHOS PARA DEIXAR UM IGUAL AO OUTRO.

1 PINTE OS PASSARINHOS QUE SÃO IGUAIS COM A MESMA COR.

CIBELE SANTOS

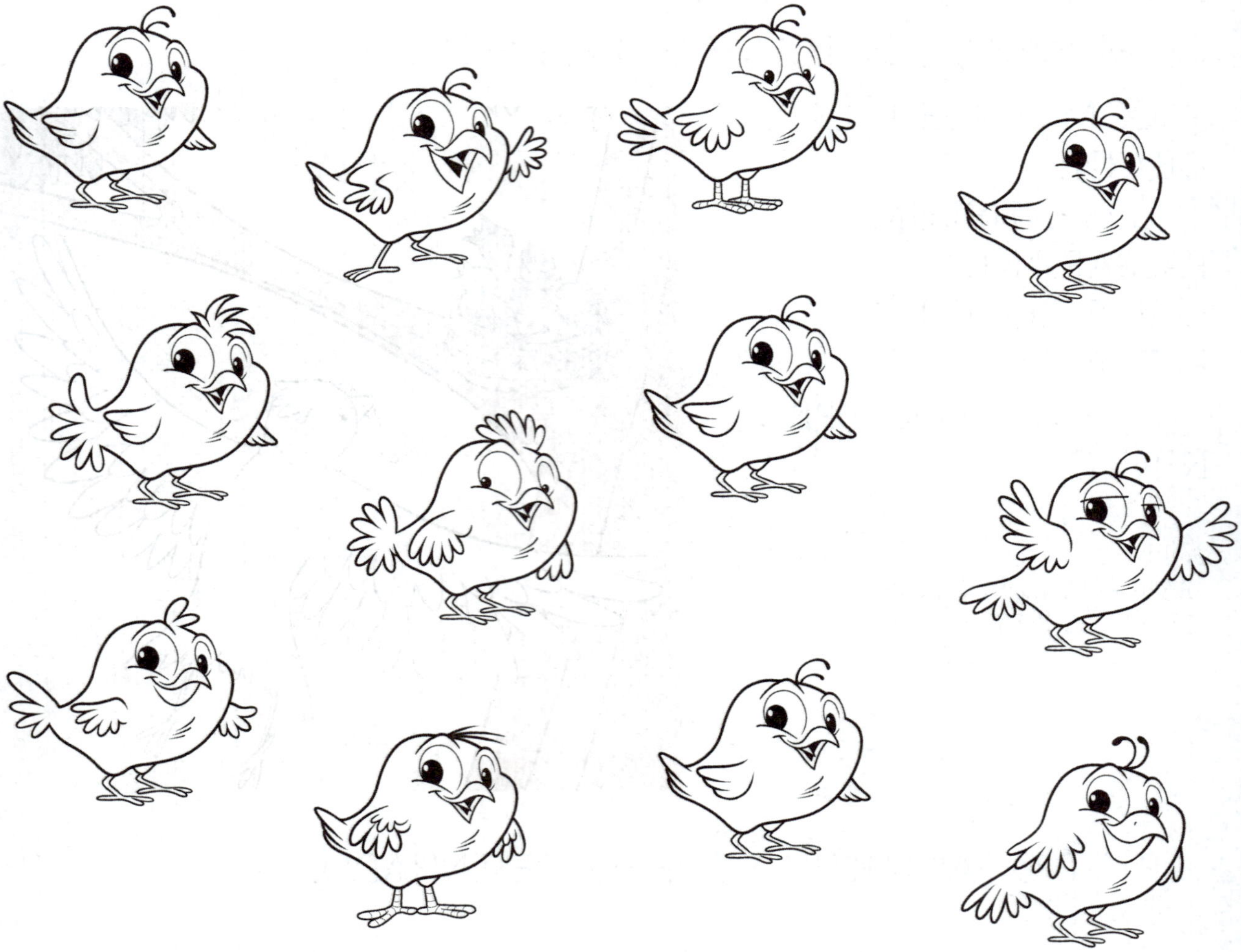

2 O QUE VOCÊ DEVE FAZER PARA QUE AS DUAS CASINHAS FIQUEM IGUAIS? RESPONDA ORALMENTE.

DANILO DOURADO

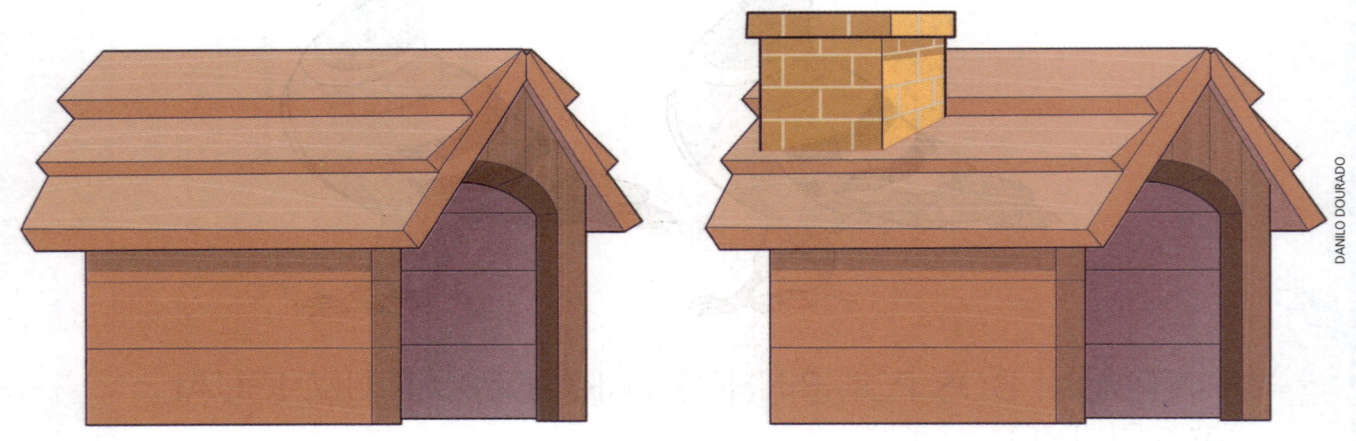

3 ENCONTRE E ASSINALE COM **X** AS 4 DIFERENÇAS ENTRE AS FIGURAS.

AGORA TODOS OS CACHORRINHOS ESTÃO:
( ) DORMINDO.
( ) BRINCANDO.

...VEJA SÓ O QUE ACONTECEU NO FINAL DA TARDE!
... DEPOIS

UMA CARACTERÍSTICA DIFERENTE DOS CACHORRINHOS É
_____

1. QUAL É A DIFERENÇA ENTRE A PRIMEIRA E A SEGUNDA CENA?
2. COMO AS PESSOAS DEVEM SER TRATADAS: DE FORMA IGUAL OU DIFERENTE? CONVERSE COM OS COLEGAS SOBRE ISSO.

COMO EU TRANSFORMO
O CULTIVO DA AMIZADE

 ARTE  GEOGRAFIA

 CIÊNCIAS

O QUE VAMOS FAZER?

A SEMANA DA AMIZADE.

COM QUEM FAZER?

COM OS COLEGAS E O PROFESSOR.

PARA QUE FAZER?

PARA CONHECER MELHOR OS AMIGOS, CULTIVAR O RESPEITO E VALORIZAR A DIVERSIDADE.

COMO FAZER?

1. SORTEIE O NOME DE UM COLEGA.
2. OBSERVE AS CARACTERÍSTICAS COMUNS E AS DIFERENTES ENTRE VOCÊ E O COLEGA SORTEADO.
3. TODAS AS PESSOAS SÃO IGUAIS?
4. OBSERVE A CENA. O QUE PODERÍAMOS FAZER PARA AJUDAR A CRIANÇA QUE ESTÁ SOZINHA? VOCÊ JÁ SE SENTIU ASSIM?

DANILO DOURADO

5. VAMOS ESPALHAR FELICIDADE? FAÇA PEQUENOS CARTAZES COM PALAVRAS E ATITUDES QUE PODEM DEIXAR ALGUÉM MAIS FELIZ. ESPALHE-OS PELA ESCOLA PARA QUE TODOS POSSAM LER E SE INSPIRAR.

COMO SE SENTIU AO FAZER ESTA ATIVIDADE? POR QUÊ?

O TEMPO QUE O TEMPO TEM

NOÇÕES DE MEDIDA DE TEMPO

VOCÊ JÁ VIU ALGUÉM PLANTANDO UMA MUDA DE ÁRVORE? OBSERVOU COMO AS PLANTAS CRESCEM COM O PASSAR DOS DIAS?

CONTINUE LIGANDO AS IMAGENS CONFORME AS FASES DE CRESCIMENTO.

EDUARDO WESTIN/ESTÚDIO EPOX

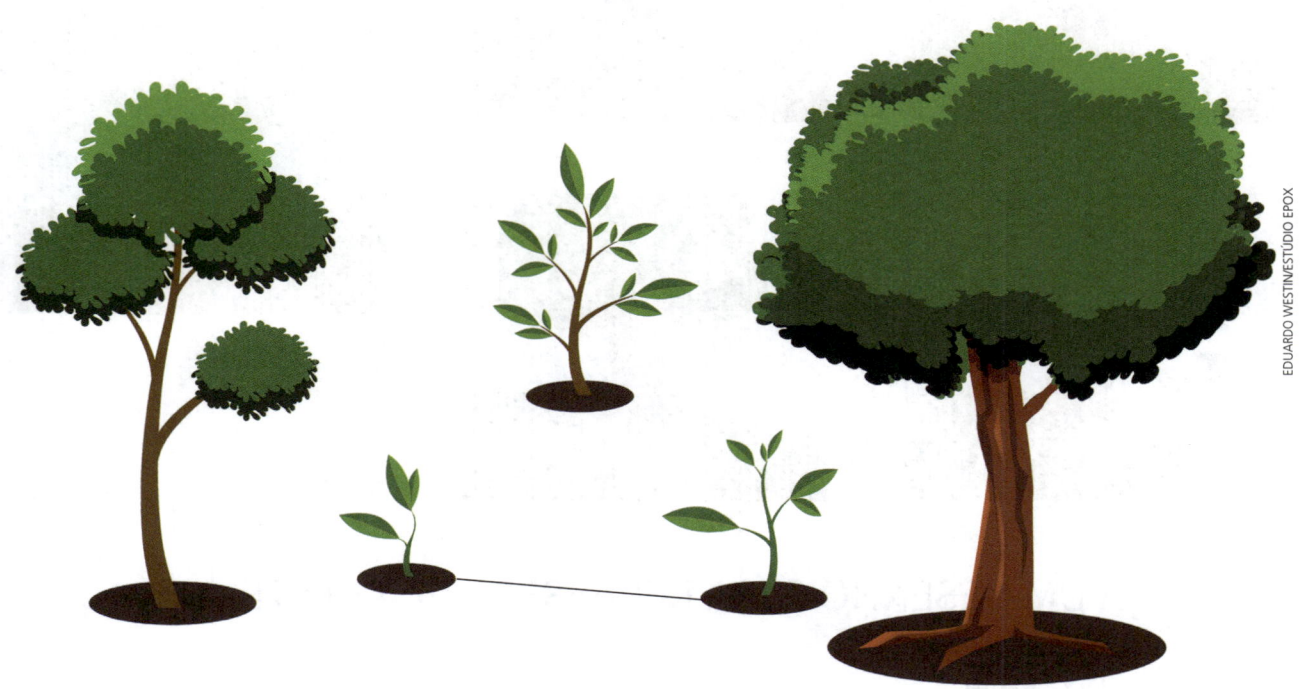

1 LÚCIA ESTUDA DE MANHÃ. MARQUE COM **X** A IMAGEM DO QUE ELA FAZ ANTES DE CHEGAR À ESCOLA.

DANILO DOURADO

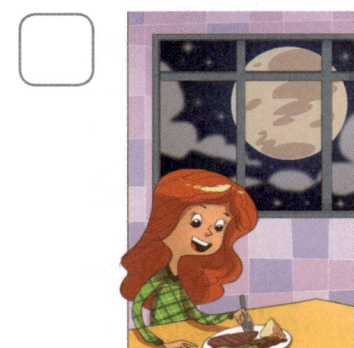

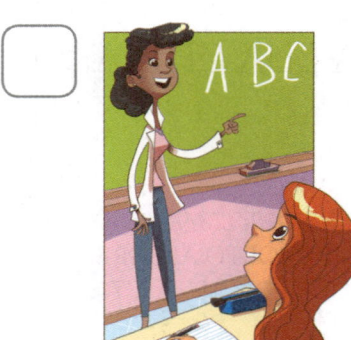

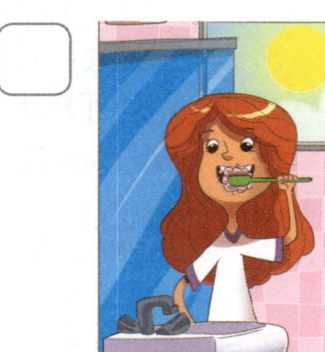

2 OBSERVE AS CENAS A SEGUIR E CONTE UMA HISTÓRIA. DEPOIS MARQUE COM **X** A IMAGEM DO QUE VEM IMEDIATAMENTE ANTES DA CENA EM QUE O MENINO ESTÁ COMENDO.

FABIANA FAIALLO

3 FAÇA UM DESENHO PARA REPRESENTAR A NOITE.

NOITE

A NOITE
FOI EMBORA
LÁ NO FUNDO
DO QUINTAL.
ESQUECEU A LUA CHEIA
PENDURADA
NO VARAL.

CAPPARELLI, SÉRGIO. *ABCDEFGHIJLMNOPQRS TIGRES NO QUINTAL*. 5. ED. PORTO ALEGRE: EDITORA DOURADA, 1997. P. 70.

4 DESENHE UMA CENA COM O QUE VOCÊ VÊ QUANDO É DIA.

5 RECORTE DO ENCARTE DA PÁGINA 241, A CENA EM QUE LAURA VAI PARA A ESCOLA E COLE-A AQUI.

◆ MARQUE A RESPOSTA CORRETA COM **X**.

LAURA VAI À ESCOLA:

☐ DURANTE O DIA.   ☐ DURANTE A NOITE.

INDO AO CINEMA E AO TEATRO
OUTRAS NOÇÕES DE MEDIDAS

ESCUTE A LEITURA DA TIRINHA PELO PROFESSOR.

DEPOIS QUE O PIPOQUEIRO ATENDER MAGALI, COMO FICARÁ O CARRINHO DE PIPOCA? PINTE A RESPOSTA CORRETA.

CHEIO

VAZIO

1 NO CINEMA, OS AMIGOS COMEM PIPOCA DURANTE O FILME. QUEM AINDA ESTÁ COM O PACOTE CHEIO? MARQUE-O COM **X**.

2 INDO AO TEATRO, TIVEMOS DE PARAR PORQUE O PNEU DO CARRO ESTAVA VAZIO. CONTORNE O NOSSO CARRO.

3 QUANDO VOLTAMOS PARA CASA, PEGAMOS UM ENGARRAFAMENTO, ISTO É, A RUA ESTAVA CHEIA DE VEÍCULOS. RECORTE DO ENCARTE DA PÁGINA 243 OS VEÍCULOS E COLE-OS NA RUA DA CENA A SEGUIR PARA MOSTRAR O ENGARRAFAMENTO.

PROFISSIONAIS FAZEM COMPARAÇÕES

VOCÊ SABE QUAL É A PROFISSÃO DOS ADULTOS DE SUA FAMÍLIA?

E O TRABALHO DO PADEIRO, VOCÊ SABE QUAL É? FAÇA UM DESENHO DO QUE O PADEIRO FAZ.

HÁ PROFISSIONAIS QUE UTILIZAM COMPARAÇÕES EM SEU TRABALHO. OBSERVE ALGUNS DELES.

- O PEDREIRO VERIFICA SE A PAREDE ESTÁ NA ALTURA CORRETA. ELE OBSERVA SE ESTÁ ALTA OU SE ESTÁ BAIXA.

- A MOTORISTA VERIFICA SE O ÔNIBUS ESTÁ CHEIO OU VAZIO.

- A MÉDICA ACOMPANHA AS ETAPAS DO CRESCIMENTO DAS CRIANÇAS. MARQUE COM **X** AS CENAS EM QUE ELA VERIFICA AS MEDIDAS DA MENINA.

- O COZINHEIRO FAZ COMPARAÇÕES QUANDO PREPARA A COMIDA. PINTE UM INSTRUMENTO QUE ELE PODE UTILIZAR PARA MEDIR A QUANTIDADE DE SAL PARA COLOCAR NA PANELA.

PEGA-PEGA
FRENTE, ATRÁS, PERTO, LONGE

CORRE, AGARRA, GRITA, CONGELA, SEGURA NA MARRA, MAIS UM DA GALERA.

MARQUE UM **X** NA CRIANÇA QUE CORRE NA FRENTE E CONTORNE A QUE ESTÁ ATRÁS DE TODOS.

1 VOCÊ SABE O QUE É UM POSTO DE COMBUSTÍVEL? OS CARROS ESTÃO EM FILA PARA CHEGAR AO POSTO. PINTE DE:

🟥 O CARRO QUE ESTÁ MAIS PERTO DO POSTO;

🟩 O CARRO QUE ESTÁ MAIS LONGE DO POSTO;

🟦 O CARRO QUE ESTÁ ENTRE DOIS CARROS.

2 QUEM ESTÁ ESCONDIDO ATRÁS DO ARBUSTO?

3 VOCÊ JÁ FEZ PARTE DE UMA FILA? PARA ENTRAR NA SALA DE AULA, A TURMA DE JOÃO SEMPRE FORMA UMA FILA.

A) QUEM ESTÁ MAIS PERTO DA PORTA? MARQUE COM **X**.
B) E QUEM ESTÁ MAIS LONGE DA PORTA? CONTORNE.
C) QUAL É O ÚNICO MENINO QUE ESTÁ ENTRE DUAS MENINAS?

PEIXES E OUTROS BICHOS
OUTRAS NOÇÕES DE POSIÇÃO

PEIXE VIVO

COMO PODE O PEIXE VIVO
VIVER FORA DA ÁGUA FRIA
COMO PODE O PEIXE VIVO
VIVER FORA DA ÁGUA FRIA

COMO PODEREI VIVER
COMO PODEREI VIVER
SEM A TUA, SEM A TUA
SEM A TUA COMPANHIA
SEM A TUA, SEM A TUA
SEM A TUA COMPANHIA
[...]

CANTIGA POPULAR.

VOCÊ JÁ CONHECIA A CANTIGA "PEIXE VIVO"?
VOCÊ ACHA QUE UM PEIXE PODE VIVER FORA DA ÁGUA?

1 RESPONDA À ADIVINHA E PINTE A ILUSTRAÇÃO. SIGA A LEGENDA.

■ O ANIMAL QUE ESTÁ DENTRO DO CESTO.

■ O ANIMAL QUE ESTÁ FORA DO CESTO.

QUAL É O BICHO?
QUE BICHO É?
QUE BEBE LEITE
E NÃO TOMA CAFÉ?

ADIVINHA.

2 FAÇA O QUE SE PEDE.

A) DESENHE O GATO EM CIMA DO MURO.

B) CONTORNE O ANIMAL QUE ESTÁ EMBAIXO DA MESA.

3 JÚLIA TEM SEIS BICHINHOS DE PELÚCIA. CONTORNE OS QUE ESTÃO EM CIMA DA CAMA E MARQUE COM **X** O QUE ESTÁ EMBAIXO DA MESA DE ESTUDO.

4 COMPLETE AS LACUNAS COM OS TERMOS DO QUADRO DE FORMA QUE AS AFIRMAÇÕES SEJAM VERDADEIRAS.

| EMBAIXO | EM CIMA | PERTO |
| LONGE | DENTRO | FORA |

O GATINHO ESTÁ _____ DA MESA E SEU PRATO DE LEITE ESTÁ _____ DA MESA.

A MENINA ESTÁ MAIS _____ DA LINHA DE CHEGADA DO QUE O MENINO.

MARCOS ESTÁ _____ DO CERCADO, OLHANDO O CAVALO QUE ESTÁ _____ DELE.

5 JÚLIO DEIXOU UMA BOLA DE FUTEBOL E UM LIVRO EM SEU QUARTO.

A) QUAL OBJETO JÚLIO DEIXOU EM CIMA DA CAMA?

☐ A BOLA. ☐ O LIVRO.

B) QUAL OBJETO ELE COLOCOU EMBAIXO DA CAMA?

☐ A BOLA. ☐ O LIVRO.

6 DESENHE UMA CASA DENTRO DO QUADRO E UMA ÁRVORE FORA DO QUADRO.

7 OBSERVE A FILA QUE OS ALUNOS FORMARAM EM FRENTE AO PROFESSOR JORGE E RESPONDA ÀS QUESTÕES.

A) QUAL ALUNO ESTÁ MAIS PERTO DO PROFESSOR JORGE?

☐ LUCAS. ☐ CAROLINA. ☐ ANA.

B) QUEM ESTÁ MAIS LONGE DO PROFESSOR?

☐ NATÁLIA. ☐ VINÍCIUS. ☐ VÍTOR.

8 OBSERVE A BRINCADEIRA **CORRE CUTIA**, QUE A PROFESSORA FEZ COM OS ALUNOS NA AULA DE EDUCAÇÃO FÍSICA.

CORRE CUTIA

CORRE CUTIA, DE NOITE E DE DIA.
COMENDO FARINHA NA CASA DA TIA.
CORRE CIPÓ, NA CASA DA AVÓ.
LENCINHO NA MÃO, CAIU NO CHÃO.

MOÇA(O) BONITA(O) DO MEU CORAÇÃO.
— POSSO JOGAR?
— PODE!
— NINGUÉM VAI OLHAR?
— NÃO!

É UM, É DOIS E É TRÊS!

PARLENDA.

A) MARQUE COM **X** A CRIANÇA QUE ESTÁ DENTRO DA RODA.

B) CONTORNE A CRIANÇA QUE ESTÁ FORA DA RODA.

C) QUEM ESTÁ MAIS PERTO DA BOLA? MARQUE COM UM TRAÇO.

UM PASSEIO DE BICICLETA

DESLOCAMENTOS E ORIENTAÇÕES

CONTORNE A CRIANÇA QUE PEDALA NO SENTIDO CONTRÁRIO AO DAS OUTRAS CRIANÇAS. FALE PARA OS COLEGAS O NOME DELA.

1 RECORTE AS IMAGENS DE CARROS DA PÁGINA 241 DO ENCARTE E COLE-AS AQUI, NO MESMO SENTIDO, EM FRENTE AO POSTO DE GASOLINA.

2 O ESQUILO QUE ESQUECEU ONDE MORA. VEJA O QUE ACONTECEU:

[...]
PEGOU UM ATALHO,
PULOU DE GALHO EM GALHO...
VIROU À DIREITA,
VIROU À ESQUERDA E...
– XI, NÃO É AQUI QUE MORO!

REGINA SIGUEMOTO. *O ESQUILO ESQUISITO*. ILUSTRAÇÕES DE IVAN ZIGG. 2. ED. SÃO PAULO: EDITORA DO BRASIL, 2008. (COLEÇÃO BUM-QUE-TE-BUM-BUM-BUM).

◆ PINTE O LADO ESQUERDO DA ROUPA DO ESQUILO DE **VERMELHO** E, O LADO DIREITO, DE **AZUL**.

3 PINTE AS CAMISETAS DOS ALUNOS COM O SEGUINTE CÓDIGO:

▪ CAMISETAS DOS ALUNOS QUE ESTÃO DO LADO ESQUERDO DA PROFESSORA;

▪ CAMISETAS DOS ALUNOS QUE ESTÃO DO LADO DIREITO DA PROFESSORA.

AGORA RESPONDA:

◆ QUE COR VOCÊ USOU MAIS VEZES?

☐ VERMELHO. ☐ VERDE.

4 JULIANO É UM MOTORISTA DE ÔNIBUS. PARA ENTRAR NO TÚNEL ELE TEM DE IR:

A) ☐ PARA A DIREITA.

B) ☐ PARA A ESQUERDA.

5 FABIANA ESTAVA ANDANDO DE BICICLETA QUANDO SE DEPAROU COM A PLACA AO LADO. DE QUAL LADO DA VIA FABIANA TERÁ DE ANDAR COM A BICICLETA?

A) ☐ DO LADO DIREITO.

B) ☐ DO LADO ESQUERDO.

6 FLÁVIA FOI PASSEAR NO SHOPPING E MARCOU UM ENCONTRO COM AS AMIGAS NA LOJA DE BRINQUEDOS. PARA ENCONTRÁ-LAS, PROCUROU UM PAINEL DE INFORMAÇÕES E VIU A SEGUINTE IMAGEM:

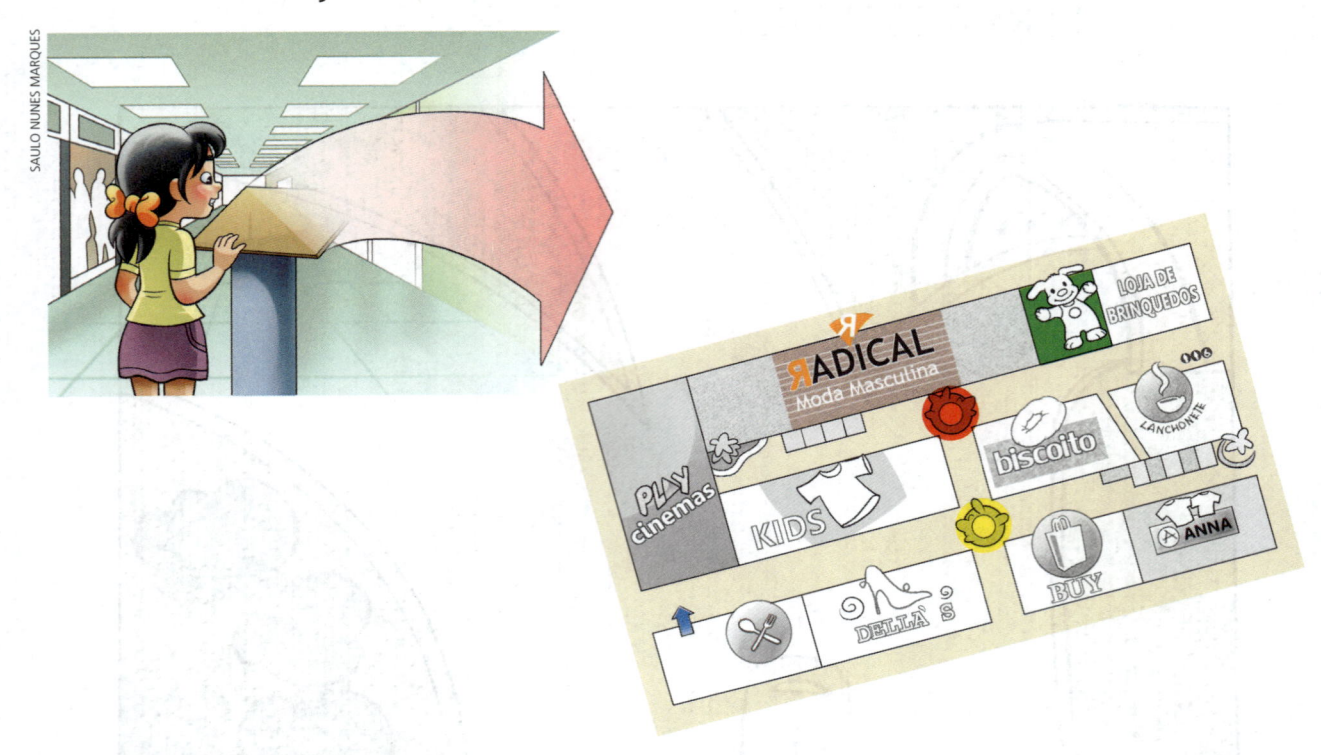

FLÁVIA ESTÁ NO PONTO INDICADO PELA PEQUENA SETA **AZUL** E QUER IR ATÉ A LOJA DE BRINQUEDOS, INDICADA EM **VERDE** NO MAPA DO SHOPPING.

A) SEGUINDO PELO CORREDOR EM QUE ESTÁ, FLÁVIA ENCONTRARÁ O CRUZAMENTO MARCADO EM **AMARELO**, E TERÁ DE VIRAR:

☐ PARA A DIREITA. ☐ PARA A ESQUERDA.

B) EM SEGUIDA, JÁ NO CRUZAMENTO VERMELHO, ELA TERÁ DE VIRAR:

☐ PARA A DIREITA. ☐ PARA A ESQUERDA.

#DIGITAL

O QUE VOCÊ ACHA DE FAZER DESENHOS E COLORI-LOS USANDO O COMPUTADOR? PARA ISSO, VOCÊ UTILIZARÁ UM PROGRAMA DE EDIÇÃO DE IMAGENS.

1. CLIQUE COM O *MOUSE* NA FERRAMENTA DE FAZER RETÂNGULOS. EM SEGUIDA, NO ESPAÇO EM BRANCO, APERTE O BOTÃO ESQUERDO DO *MOUSE*, ARRASTE-O PARA FORMAR O RETÂNGULO E DEPOIS SOLTE-O, NESSA ORDEM. MONTE QUATRO RETÂNGULOS DE TAMANHOS DIFERENTES, COMO NO EXEMPLO A SEGUIR.

2. USE A FERRAMENTA BALDE DE TINTA PARA PINTAR OS RETÂNGULOS DA SEGUINTE MANEIRA:
   - 🟥 MAIS LARGO.
   - 🟩 MAIS ESTREITO.
   - 🟨 MAIS ALTO.
   - 🟦 MAIS BAIXO.

3. COM A FERRAMENTA DE FAZER TRIÂNGULOS, DESENHE TRÊS TRIÂNGULOS DE TAMANHOS DIFERENTES E PINTE-OS CONFORME OS MODELOS A SEGUIR.

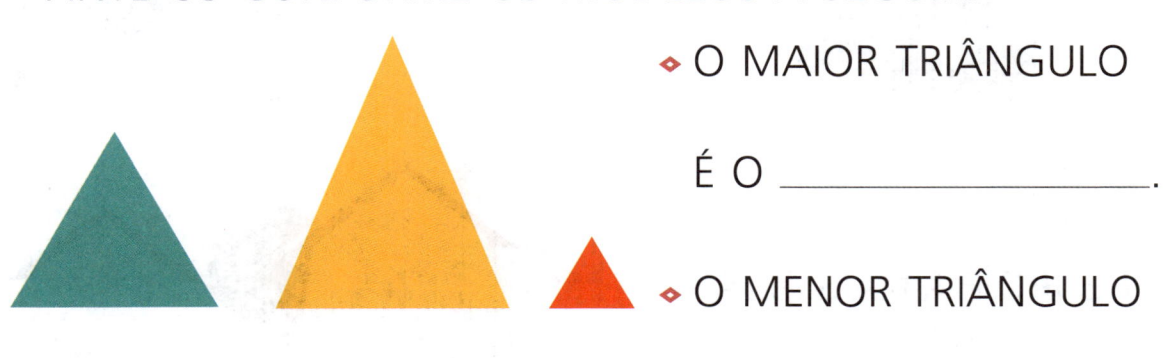

   - O MAIOR TRIÂNGULO É O _____.
   - O MENOR TRIÂNGULO É O _____.

REVENDO O QUE APRENDI

1 LÚCIO ENCONTROU SEUS PRIMOS NO FINAL DE SEMANA. OBSERVE-OS NA FOTOGRAFIA E DESCUBRA QUEM É O MAIS ALTO. CONTORNE-O.

2 LIGUE CADA IMAGEM AO PERÍODO DO DIA CORRESPONDENTE.

3 JOAQUIM E PEDRO SÃO VIZINHOS. A CASA DE PEDRO É A MAIS ALTA. QUAL É A CASA DE PEDRO? MARQUE-A COM **X**.

4 VERA VAI ORGANIZAR OS LIVROS QUE ESTÃO NO CHÃO DO QUARTO.

A) MARQUE COM **X** OS LIVROS QUE ESTÃO PERTO DA PORTA.

B) CONTORNE OS QUE ESTÃO EMBAIXO DA MESA.

5 VAMOS PINTAR O ÔNIBUS DE VÁRIAS CORES:

🟦 JANELA MAIS À FRENTE;   🟩 PORTA DE TRÁS;

🟨 JANELAS ENTRE AS DUAS PORTAS.

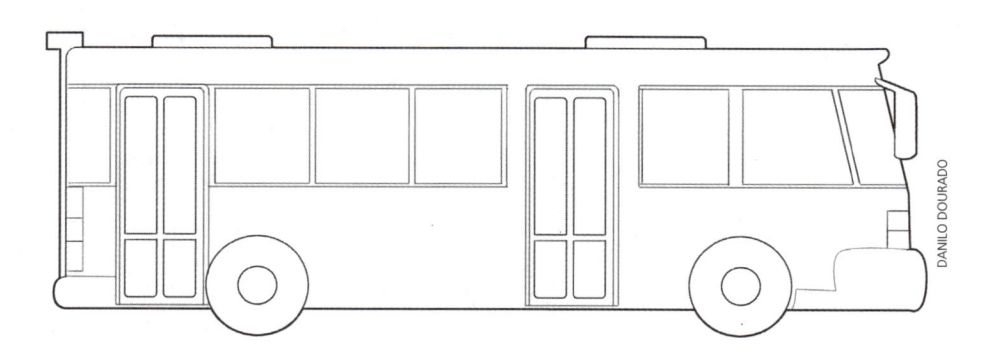

6 A JANELA DA SALA DE AULA DE LAURA É A ÚLTIMA À ESQUERDA E FICA NO ANDAR DE CIMA. MARQUE-A COM **X**.

7 O CAMINHÃO VAI ENTRAR À ESQUERDA. PINTE DE **AZUL** O CAMINHO QUE ELE DEVE SEGUIR NO CRUZAMENTO.

8 ALGUMAS OVELHAS ESTÃO DENTRO DO CERCADO E OUTRAS ESTÃO FORA. OBSERVE A IMAGEM E RESPONDA À QUESTÃO.

- HÁ MAIS OVELHAS DENTRO DO CERCADO OU FORA DELE?

☐ DENTRO. ☐ FORA.

DESAFIO

1 RETORNE À PÁGINA INICIAL DA UNIDADE E RESPONDA: QUAIS COMPARAÇÕES VOCÊ FEZ PARA RESOLVER O DESAFIO DO INÍCIO DA UNIDADE?

☐ BAIXA OU ALTA.

☐ LARGA OU ESTREITA.

☐ COMPRIDA OU CURTA.

2 AGORA TEMOS OUTRO DESAFIO PARA VOCÊ. OBSERVE A IMAGEM, VEJA AS DICAS E DEPOIS RESPONDA:

ONDE ESTÁ LUCAS?
- ELE NÃO ESTÁ DENTRO DA QUADRA.
- ELE ESTÁ NA ARQUIBANCADA, MAS NÃO ESTÁ EM PÉ.
- ELE ESTÁ ENTRE DOIS AMIGOS, BEM À DIREITA E ACIMA.

UNIDADE 2
COMPARANDO QUANTIDADES

▶ DESCUBRA QUAL É A CAMISA DE CADA JOGADOR.

A DE AMANDA TEM O MAIOR NÚMERO, A DE BENÍCIO O MENOR DELES. O NÚMERO DE CARLOS FICA ENTRE 4 E 6, O DE DANIEL, ENTRE 2 E 4. E A CAMISA DE ELIANE TEM O NÚMERO MAIOR DO QUE A DE FABÍOLA.

DESCOBRINDO OS NÚMEROS

ONDE ESTÃO OS NÚMEROS? PROCURE-OS NA CENA A SEGUIR, IDENTIFIQUE-OS E FAÇA UM CONTORNO EM VOLTA DELES.

ONDE MAIS ENCONTRAMOS NÚMEROS? PROCURE EM REVISTAS E JORNAIS IMAGENS QUE TENHAM NÚMEROS, RECORTE-AS E COLE-AS AQUI. CONTE AOS COLEGAS O QUE OS NÚMEROS QUE VOCÊ RECORTOU INDICAM.

O JOGO COMEÇOU!
UTILIZANDO NÚMEROS

O TIME LARANJA VAI JOGAR CONTRA O AMARELO!
O PLACAR MARCA COMO ESTÁ O JOGO.

1 OBSERVE A CENA E RESPONDA ÀS QUESTÕES.

A) OS TIMES TÊM A MESMA QUANTIDADE DE JOGADORES?

☐ SIM.

☐ NÃO.

B) HÁ MAIS PESSOAS DENTRO DA QUADRA OU FORA DELA?

☐ DENTRO.

☐ FORA.

2 O JOGO ESTÁ EMPATADO. CONTORNE NA CENA ANTERIOR A PARTE QUE INDICA ESSE EMPATE.

3 OBSERVE NOVAMENTE O JOGO DE FUTEBOL DAS CRIANÇAS E PINTE UM QUADRINHO PARA CADA JOGADOR.

A) TIME LARANJA

B) TIME AMARELO

C) QUAL TIME TEM MAIS JOGADORES?

_____

4 HÁ MAIS ROSAS OU MARGARIDAS?

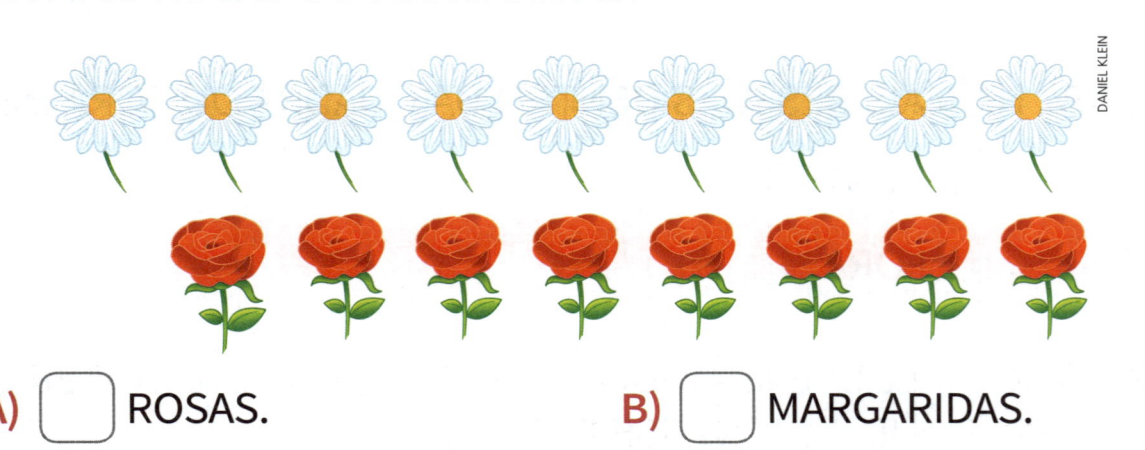

A) ☐ ROSAS.   **B)** ☐ MARGARIDAS.

5 OBSERVE O TIME DE FUTEBOL E O DE VOLEIBOL. CONTORNE O TIME QUE TEM MAIS JOGADORES.

- RESPONDA ORALMENTE: QUANTOS JOGADORES HÁ EM CADA TIME?

6 OBSERVE OS CORAÇÕES ABAIXO E FAÇA O QUE SE PEDE.

A) RESPONDA SEM CONTAR: DE QUAL COR VOCÊ ACHA QUE TEM MAIS CORAÇÕES?

_____

B) MARQUE UM TRACINHO PARA CADA CORAÇÃO DE ACORDO COM A COR DELE. EM SEGUIDA, VERIFIQUE SE VOCÊ ACERTOU DE QUAL COR HÁ MAIS CORAÇÕES. ATENÇÃO: A CONTAGEM DOS CORAÇÕES AZUIS JÁ ESTÁ FEITA.

AZUL ⟶ ☐ ☐ ☐   LARANJA ⟶ ☐ ☐

VERDE ⟶ ☐ ☐   VERMELHO ⟶ ☐ ☐

QUEM VAI GANHAR?
MAIS E MENOS

OBSERVE NA LOUSA OS PONTOS DO JOGO DE BASQUETE.

- QUAL TIME FEZ MAIS PONTOS?

_____

1 PINTE DE **VERDE** UMA BOLA PARA CADA PONTO FEITO PELO TIME VERDE, E DE **VERMELHO** UMA BOLA PARA CADA PONTO FEITO PELO TIME VERMELHO.

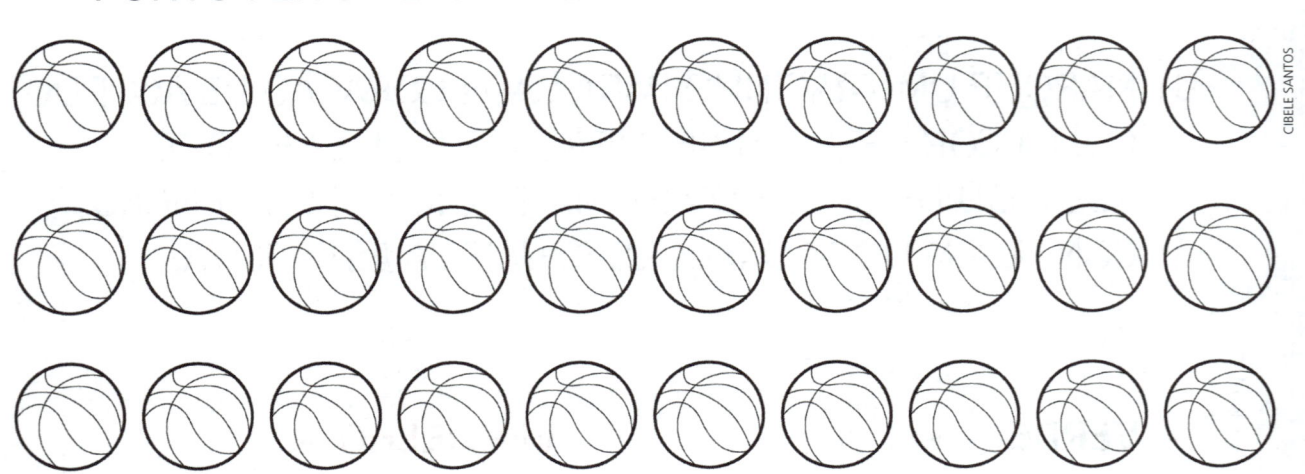

2 OBSERVE AS CRIANÇAS E O MATERIAL ESPORTIVO.

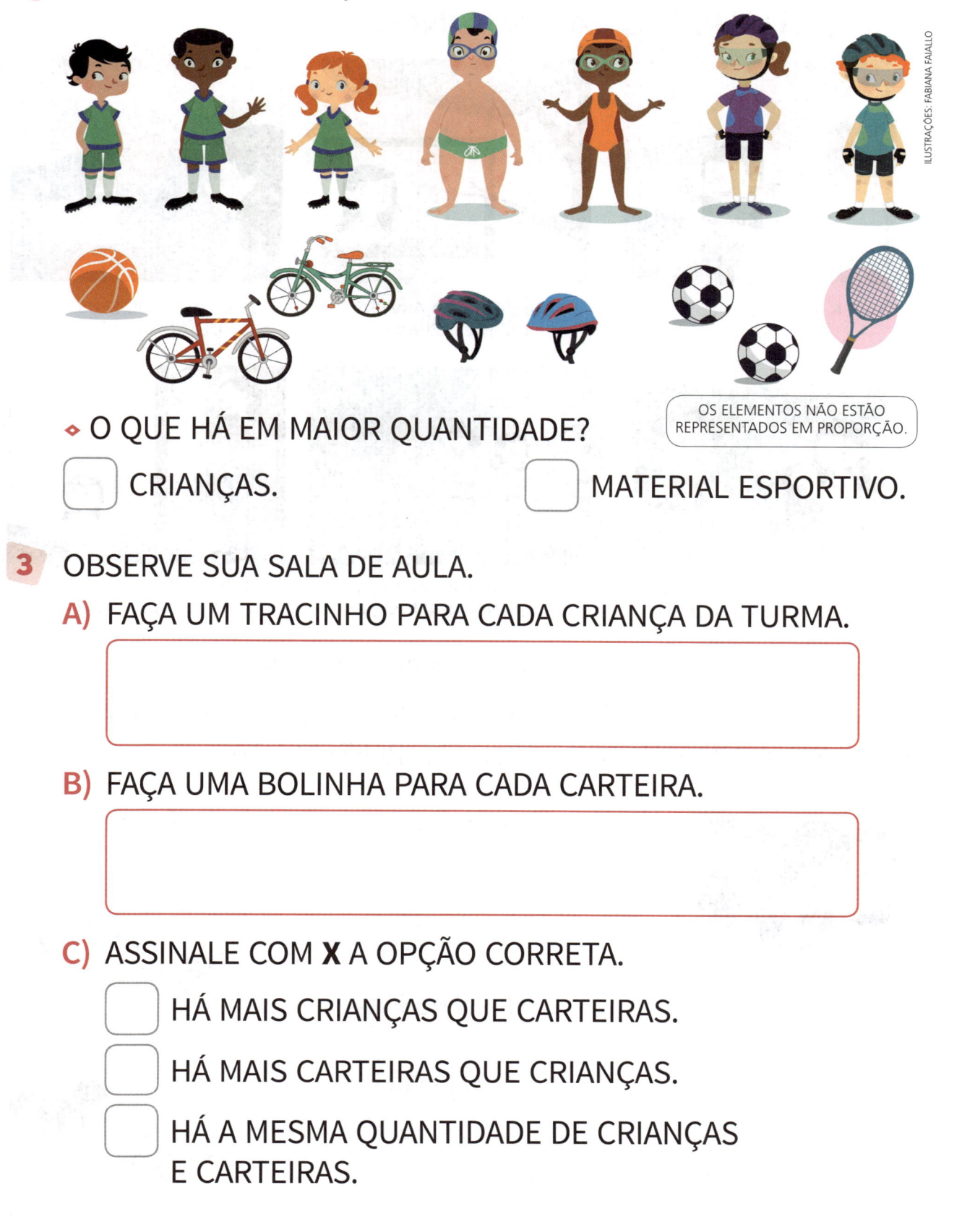

OS ELEMENTOS NÃO ESTÃO REPRESENTADOS EM PROPORÇÃO.

- O QUE HÁ EM MAIOR QUANTIDADE?

☐ CRIANÇAS.   ☐ MATERIAL ESPORTIVO.

3 OBSERVE SUA SALA DE AULA.

A) FAÇA UM TRACINHO PARA CADA CRIANÇA DA TURMA.

B) FAÇA UMA BOLINHA PARA CADA CARTEIRA.

C) ASSINALE COM **X** A OPÇÃO CORRETA.

☐ HÁ MAIS CRIANÇAS QUE CARTEIRAS.

☐ HÁ MAIS CARTEIRAS QUE CRIANÇAS.

☐ HÁ A MESMA QUANTIDADE DE CRIANÇAS E CARTEIRAS.

ERA UMA VEZ...
UM, DOIS, TRÊS, QUATRO, CINCO

PAULA ACORDOU CEDINHO.

OBSERVOU NA ÁRVORE UM PASSARINHO.

ALIMENTOU SEUS DOIS GATINHOS.

BRINCOU COM OS TRÊS CACHORRINHOS DO VIZINHO.

COM QUATRO AMIGOS, UMA BRINCADEIRA INICIOU.

ATÉ QUE, ÀS CINCO HORAS, PARA CASA VOLTOU.

UTILIZAMOS NÚMEROS PARA INDICAR QUANTIDADES. APÓS LER A HISTÓRIA EM QUADRINHOS, LIGUE CADA NÚMERO À QUANTIDADE QUE ELE REPRESENTA.

1 – UM

2 – DOIS

3 – TRÊS

4 – QUATRO

5 – CINCO

1 ESCREVA O NÚMERO QUE INDICA A QUANTIDADE DE AMIGOS COM QUE PAULA BRINCOU.

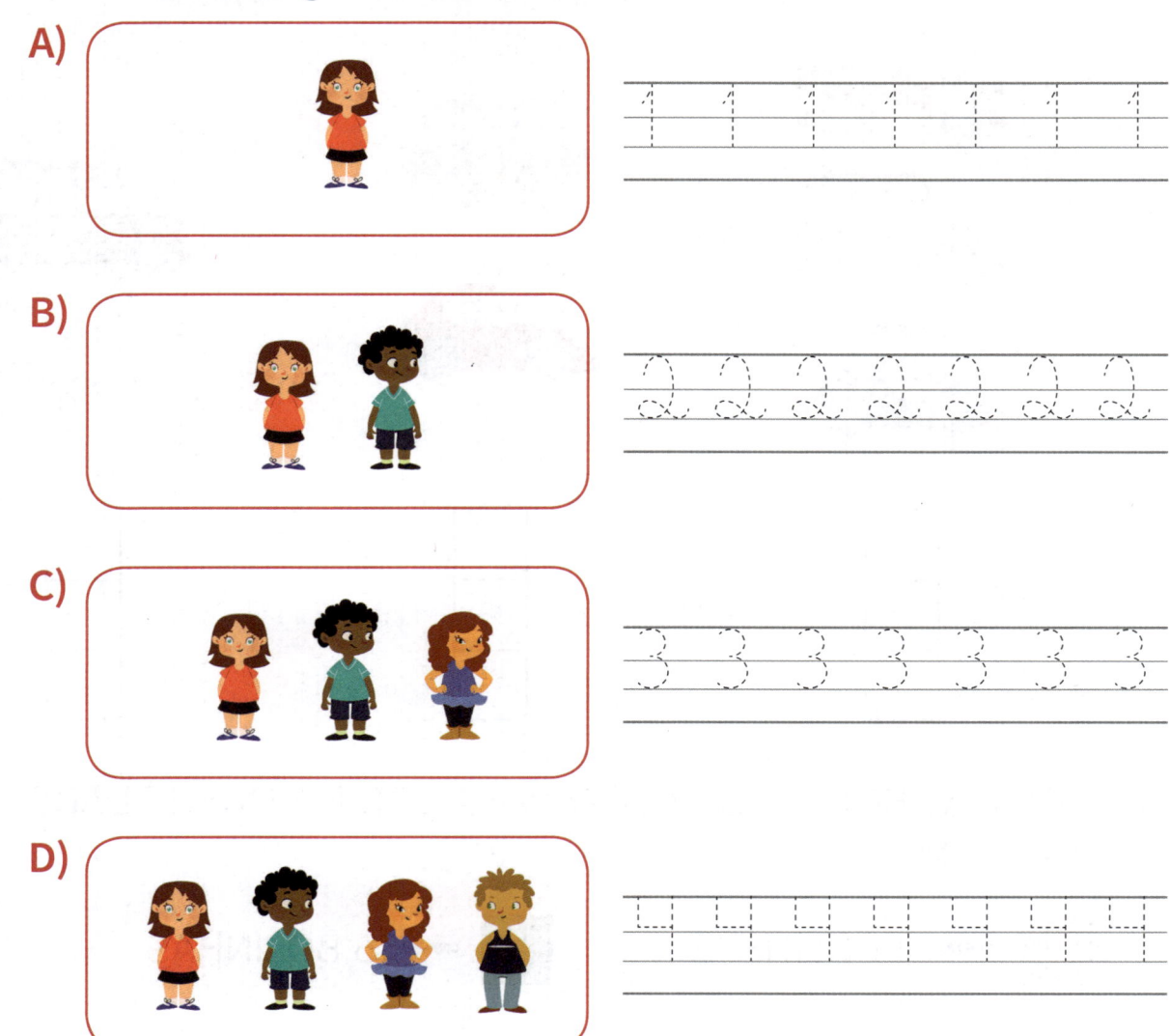

A) 1 1 1 1 1 1 1

B) 2 2 2 2 2 2 2 2

C) 3 3 3 3 3 3

D) 4 4 4 4 4 4 4

2 NA HISTÓRIA, A MÃE DE PAULA MOSTROU OS CINCO DEDOS DA MÃO INDICANDO O HORÁRIO EM QUE ELA VOLTOU PARA CASA. ESCREVA ESSE NÚMERO.

5 5 5 5 5 5

ILUSTRAÇÕES: FABIANA FAIALLO

CINQUENTA E UM 51

3 PINTE UM ☐ PARA CADA CARRINHO.

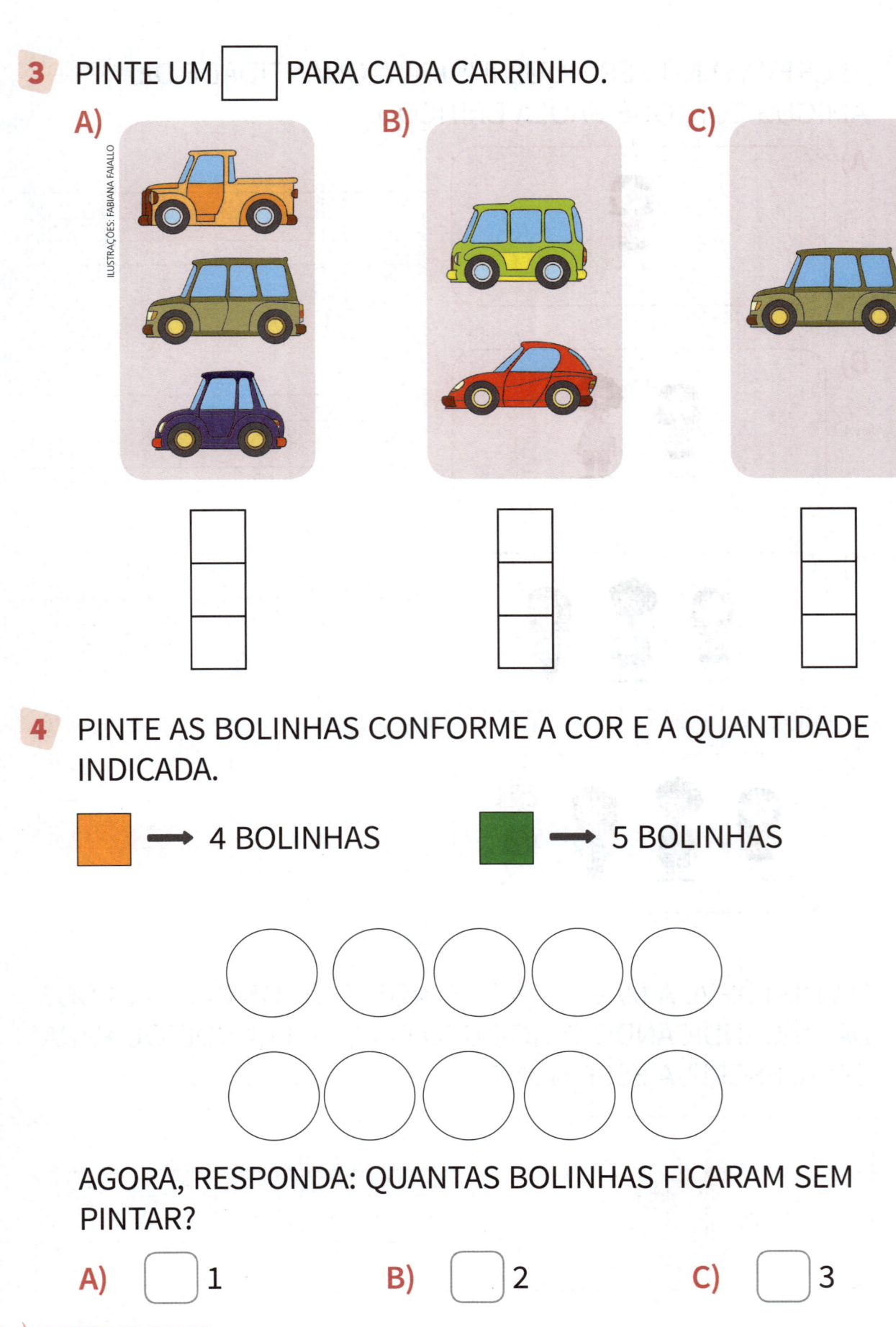

A) B) C)

4 PINTE AS BOLINHAS CONFORME A COR E A QUANTIDADE INDICADA.

🟧 → 4 BOLINHAS   🟩 → 5 BOLINHAS

AGORA, RESPONDA: QUANTAS BOLINHAS FICARAM SEM PINTAR?

A) ☐ 1   B) ☐ 2   C) ☐ 3

O ANIVERSÁRIO DE MARINA
SEIS, SETE, OITO, NOVE

É O ANIVERSÁRIO DE MARINA.
- **SEIS** AMIGOS CANTAM PARABÉNS.
- **SETE** VELAS ESTÃO ACESAS.
- HÁ **OITO** BALÕES NO AR.
- ELA GANHOU **NOVE** PRESENTES.

VOCÊ SABE QUANTOS ANOS MARINA FEZ? PINTE DE **VERMELHO** O NÚMERO QUE CORRESPONDE À RESPOSTA.

5 6 7 8 9

1 VAMOS CONTAR A **QUANTIDADE DE VELAS**. ESCREVA O NÚMERO DE VELAS DE CADA QUADRO.

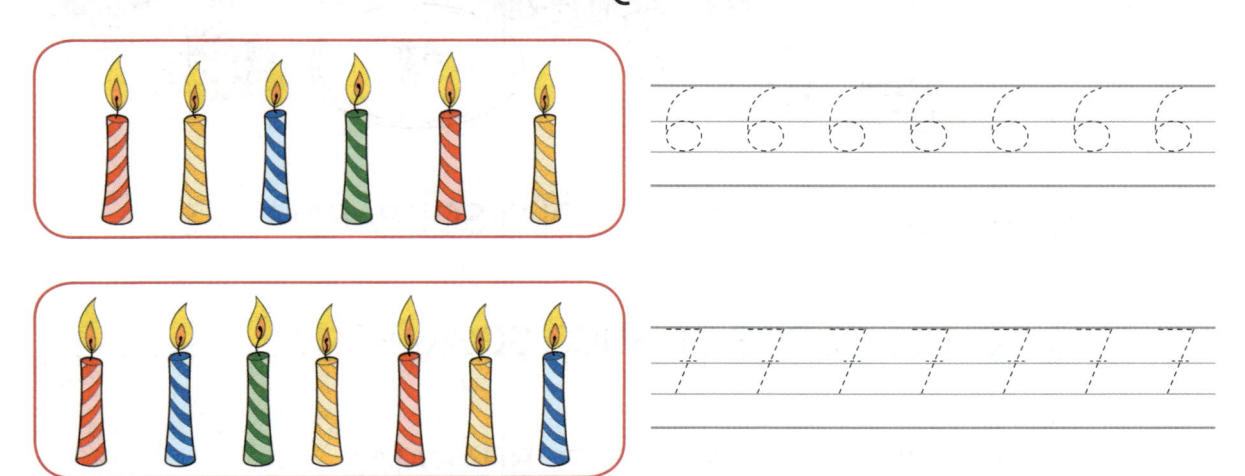

CINQUENTA E TRÊS 53

2 AGORA CONTE A **QUANTIDADE DE BALÕES** COLORIDOS E ESCREVA O NÚMERO QUE CORRESPONDE A ELES.

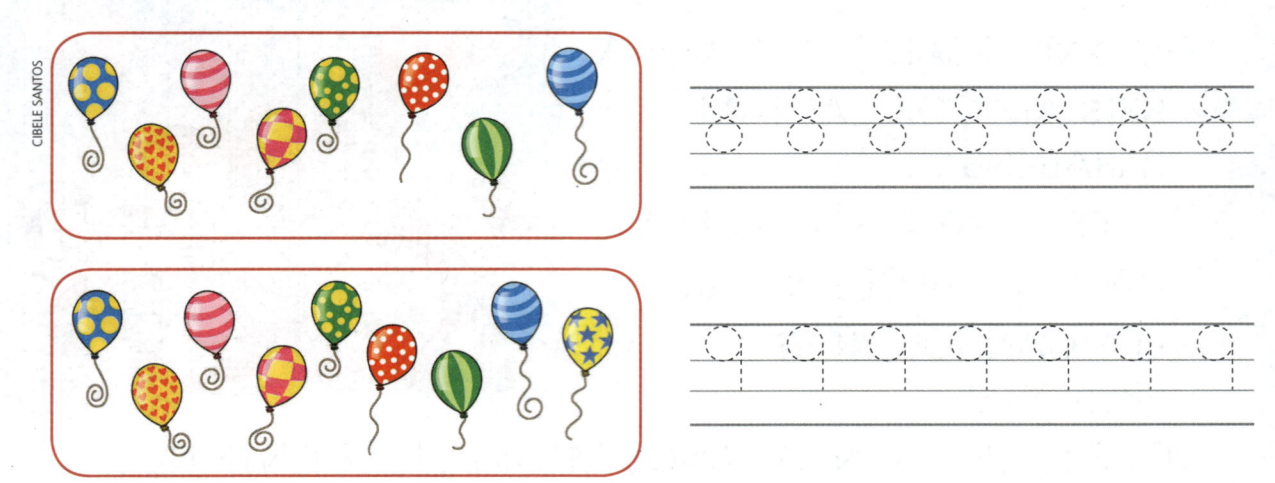

3 VEJA O QUE SOBROU DA FESTA DE MARINA. OBSERVE A IMAGEM E RESPONDA ÀS QUESTÕES.

A) QUANTOS PEDAÇOS DE BOLO SOBRARAM? _____

B) QUANTOS COPOS DE SUCO SOBRARAM? _____

C) QUANTOS BRIGADEIROS SOBRARAM? _____

4 RECITE A PARLENDA. VOCÊ CONSEGUE COMPLETÁ-LA? DIGA EM VOZ ALTA A QUANTIDADE DE OVOS E DESENHE-OS.

A GALINHA DO VIZINHO
BOTA OVO AMARELINHO

BOTA 1 – UM

BOTA 2 – DOIS

BOTA 3 – TRÊS

BOTA 4 – QUATRO

BOTA 5 – CINCO

BOTA 6 – SEIS

BOTA 7 – SETE

BOTA 8 – OITO

BOTA 9 – NOVE

BOTA 10 – DEZ!

PARLENDA.

5 DESENHE 1 OVO NO NINHO E PINTE O NÚMERO 1.

6 DESENHE 2 PEIXES NO AQUÁRIO E PINTE O NÚMERO 2.

7 DESENHE 3 PÁSSAROS NO FIO E PINTE O NÚMERO 3.

8 DESENHE 4 BORBOLETAS NAS FLORES E PINTE O NÚMERO 4.

9 RECORTE DA SEÇÃO **ENCARTES**, PÁGINA 243, A IMAGEM DE 5 ABELHAS E COLE-AS AO REDOR DA COLMEIA. PINTE O NÚMERO 5.

10 O QUE HÁ EM MAIOR QUANTIDADE?

☐ PINTINHOS.

☐ OVOS.

FICOU SEM NADA!
ZERO, ORDEM CRESCENTE E ORDEM DECRESCENTE

— ONDE ESTÃO OS MEUS JOGUINHOS?
ACHO QUE OS DEIXEI ALI. [...]
SUMIRAM AS FIGURINHAS QUE ESTAVAM BEM AQUI!

FLÁVIA MUNIZ. *BETO BAGUNCINHA*. SÃO PAULO: EDITORA MELHORAMENTOS, 2005. P. 11. (ALGODÃO DOCE).

PARA REPRESENTAR A QUANTIDADE DE FIGURINHAS DA GAVETA, PODEMOS UTILIZAR O NÚMERO ZERO: **0**. ESCREVA-O.

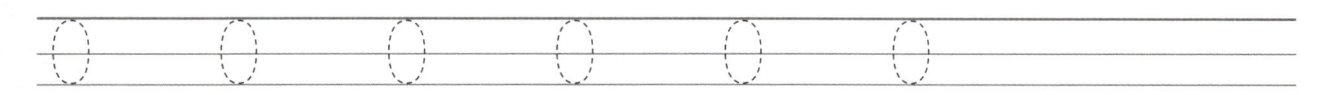

0 0 0 0 0 0

1 ESCREVA NOS QUADRINHOS A QUANTIDADE DE FIGURINHAS DE CADA PÁGINA E COMPLETE AS FRASES.

A) DA ESQUERDA PARA A DIREITA, A QUANTIDADE

DE FIGURINHAS _____.

B) E DA DIREITA PARA A ESQUERDA, A QUANTIDADE

DE FIGURINHAS _____.

2 DE QUAL MODELO DE VEÍCULO RENATO TEM MAIS? CONTE OS VEÍCULOS E PINTE OS QUADRINHOS PARA DESCOBRIR.

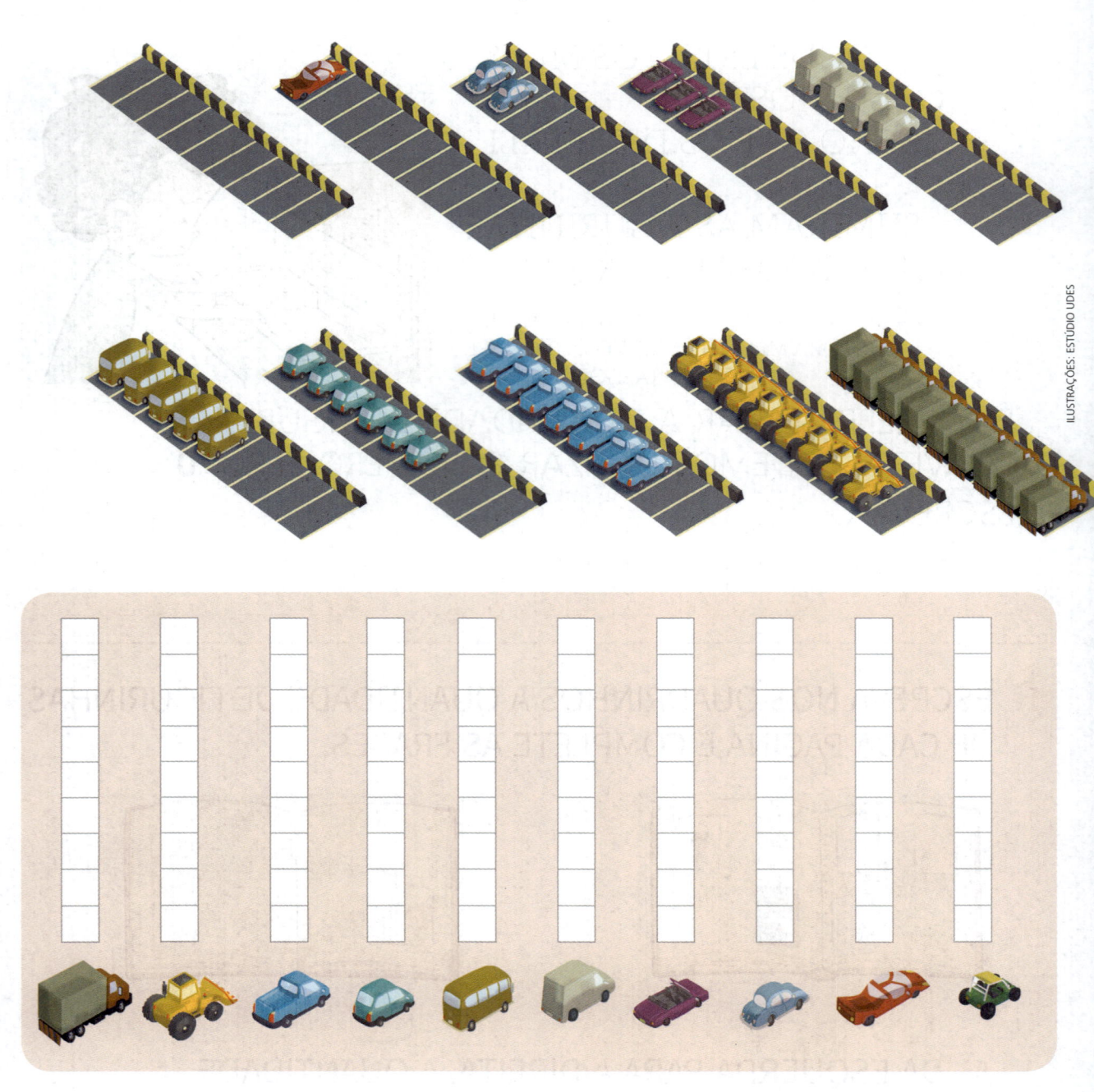

3 AGORA COMPLETE COM OS NÚMEROS QUE FALTAM NA SEQUÊNCIA EM **ORDEM DECRESCENTE**.

9, 8, _____, _____, _____, _____, _____, _____, _____,

4 PINTE OS QUADRINHOS DE ACORDO COM A QUANTIDADE DE CADA TIPO DE CHAVEIRO DA COLEÇÃO.

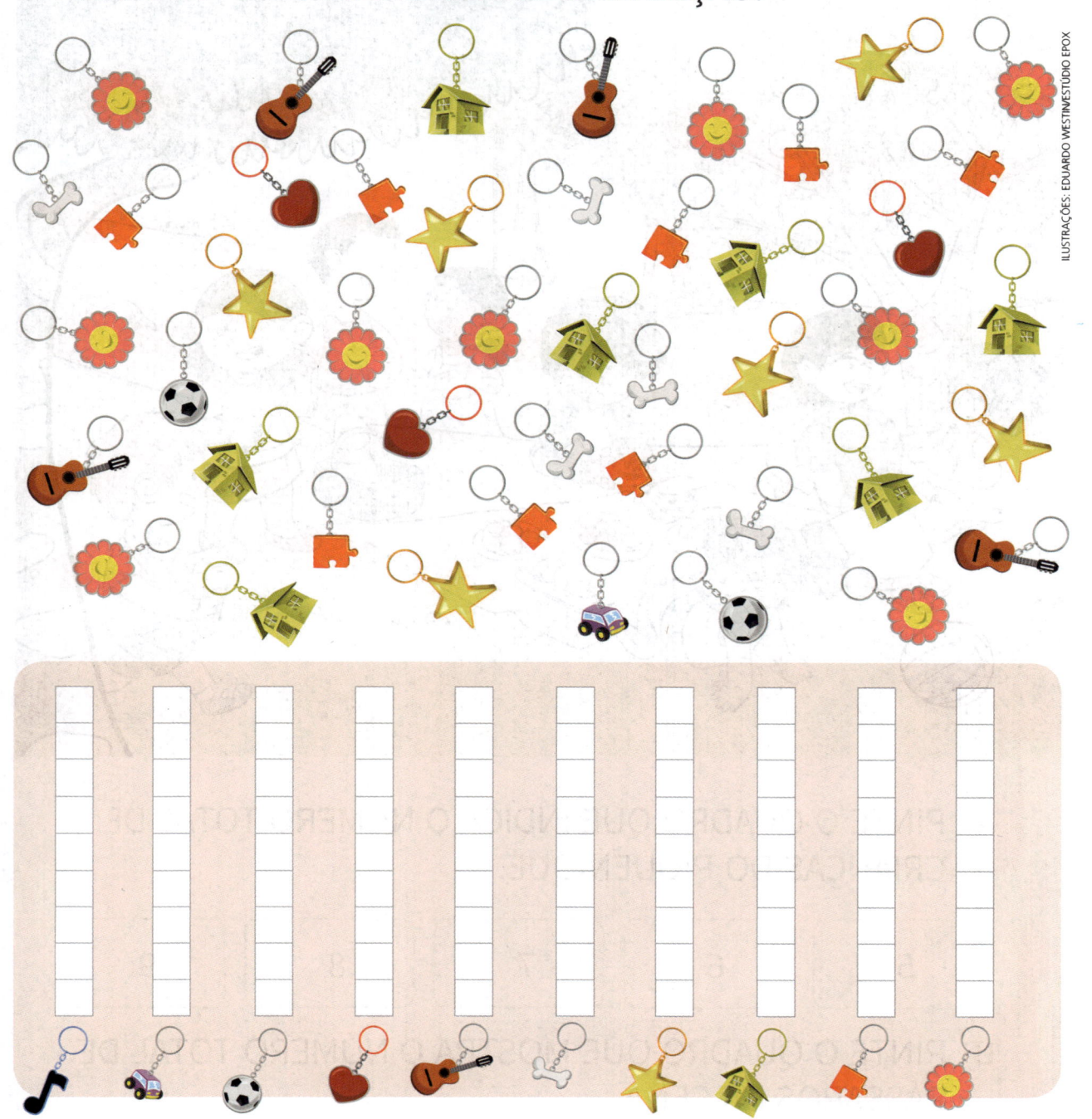

5 COMPLETE COM OS NÚMEROS QUE FALTAM NA SEQUÊNCIA EM **ORDEM CRESCENTE**.

0, 1, _____, _____, _____, _____, _____, _____, _____, _____

6 OBSERVE A CENA DAS CRIANÇAS EM UM PIQUENIQUE.

A) PINTE O QUADRO QUE INDICA O NÚMERO TOTAL DE CRIANÇAS DO PIQUENIQUE.

| 5 | 6 | 7 | 8 | 9 |

B) PINTE O QUADRO QUE MOSTRA O NÚMERO TOTAL DE PÁSSAROS DA CENA.

| 5 | 6 | 7 | 8 | 9 |

C) QUAL É O NÚMERO TOTAL DE CARROS NA IMAGEM? _____

7 VOCÊ JÁ CONHECE A BRINCADEIRA CHAMADA AMARELINHA? ALGUMAS CRIANÇAS QUEREM BRINCAR, MAS PRECISAM DE SUA AJUDA PARA COMPLETAR O DIAGRAMA. COMPLETE-O COM OS NUMERAIS QUE FALTAM.

TUDO FORA DE ORDEM!
NÚMEROS ORDINAIS

PARA COLOCAR OBJETOS EM DETERMINADA ORDEM, INDICAR POSIÇÃO OU LUGAR, USAMOS OS NÚMEROS ORDINAIS. CONHEÇA-OS:

1º	PRIMEIRO	6º	SEXTO
2º	SEGUNDO	7º	SÉTIMO
3º	TERCEIRO	8º	OITAVO
4º	QUARTO	9º	NONO
5º	QUINTO	10º	DÉCIMO

1 AS PORTAS FORAM PINTADAS! OBSERVE A POSIÇÃO DELAS E CONTINUE A NUMERÁ-LAS CONFORME A ORDEM QUE OCUPAM.

1 ___ ___ ___ ___ ___ ___ ___ ___ ___

AGORA FAÇA O QUE SE PEDE.

A) LIGUE COM A COR VERMELHA A 1ª PORTA À 3ª PORTA.

B) LIGUE COM A COR VERDE A 4ª PORTA À 7ª PORTA.

C) LIGUE COM A COR AZUL A 6ª PORTA À 10ª PORTA.

2 VAMOS BRINCAR DE PASSA BOLA.

1. A TURMA DEVE IR PARA O PÁTIO DA ESCOLA.

2. O PROFESSOR ORGANIZARÁ OS ALUNOS EM EQUIPES.

3. EM CADA EQUIPE, OS ALUNOS DEVERÃO ESTAR ALINHADOS UM AO LADO DO OUTRO. DE UM ALUNO PARA OUTRO DEVE HAVER UM ESPAÇO DE 5 PASSOS.

4. O PRIMEIRO ALUNO DE CADA EQUIPE, UMA POR VEZ, JOGA A BOLA PARA O SEGUNDO, QUE A JOGA PARA O SEGUINTE, E ASSIM POR DIANTE, ATÉ CHEGAR AO ÚLTIMO ALUNO.

5. O PROFESSOR DEVE MARCAR O TEMPO QUE A BOLA LEVA PARA CHEGAR ATÉ O ÚLTIMO ALUNO.

6. VENCE A EQUIPE QUE LEVAR MENOS TEMPO PARA CONCLUIR A ATIVIDADE.

REVENDO O QUE APRENDI

1 VOCÊ CONHECE A CANTIGA DO TREM DE FERRO? LEIA COM A TURMA TODA.

O TREM DE FERRO
O TREM DE FERRO
QUANDO SAI DE PERNAMBUCO
VAI FAZENDO XIQUE-XIQUE
ATÉ CHEGAR NO CEARÁ.
[...]

CANTIGA POPULAR.

- CONTINUE COMPLETANDO A SEQUÊNCIA DOS NÚMEROS EM CADA VAGÃO.

2 ESCREVA A QUANTIDADE DE RODAS DE CADA VEÍCULO.

A)

B)

3 LIGUE A QUANTIDADE DE PESSOAS QUE ESTÃO ESPERANDO O TREM AO NÚMERO CORRESPONDENTE.

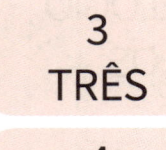

3
TRÊS

4
QUATRO

5
CINCO

6
SEIS

7
SETE

8
OITO

4 RECORTE DA PÁGINA 243 DO ENCARTE OS JOGADORES DE UM TIME DE BASQUETE. COLE-OS AQUI, DA ESQUERDA PARA A DIREITA, EM ORDEM **CRESCENTE DE ALTURA**.

QUANTOS JOGADORES HÁ NESSE TIME? _____

5 VOCÊ JÁ OBSERVOU OS NÚMEROS DE UM RELÓGIO? OBSERVE A IMAGEM DO RELÓGIO AO LADO E ESCREVA NELE OS NÚMEROS QUE FALTAM.

AGORA COMPLETE:
O PONTEIRO PEQUENO DO RELÓGIO APONTA PARA O NÚMERO _____.

6 É HORA DA LEITURA! CADA ALUNO DEVERÁ FICAR COM UM LIVRO. LIGUE CADA ALUNO A UM LIVRO.

A) O QUE TEM MAIS? LIVROS OU CRIANÇAS?

☐ LIVROS.   ☐ CRIANÇAS.

B) PINTE DE **VERDE** O NÚMERO DE CRIANÇAS E DE **ROXO** O NÚMERO DE LIVROS.

0 1 2 3 4 5 6 7 8 9

DESAFIO

1. RETORNE AO DESAFIO DO INÍCIO DA UNIDADE. VOCÊ CONSIDEROU O DESAFIO:

   ☐ FÁCIL. ☐ DIFÍCIL.

2. PROPOMOS A VOCÊ UM NOVO DESAFIO.
   DESCUBRA QUAL DAS CAMISETAS A SEGUIR JOANA USOU NO JOGO.
   JOANA DISSE QUE JOGOU COM UMA DESSAS CAMISETAS.

   2   9   6

   7   4

   ELA DEU AS SEGUINTES PISTAS:
   - O NÚMERO DE MINHA CAMISETA NÃO É O MAIOR DE TODOS.
   - HÁ CAMISETA COM NÚMERO MENOR DO QUE O DA MINHA.
   - O NÚMERO DE MINHA CAMISETA NÃO É MAIOR QUE 5.

   QUAL DAS CAMISETAS ELA USOU?

UNIDADE 3
NOÇÕES DE ADIÇÃO

A PROFESSORA PROPÔS O DESAFIO:

▸ EM CADA LINHA E EM CADA COLUNA DEVEM SER ESCRITOS, SEM REPETIR, OS NÚMEROS DE 1 A 4. DESCUBRA OS NÚMEROS QUE FALTAM PARA COMPLETAR OS QUADROS.

4			1
2			3
	2	3	
	4	1	

	1	4	
2			
	3		4
4			1

SETENTA E UM 71

VOLEIBOL COM BALÃO

OS BALÕES ARREMESSADOS AO CHÃO PELAS EQUIPES FORAM PENDURADOS NOS SUPORTES.

PINTE, DE CORES DIFERENTES, OS BALÕES DA EQUIPE **A** E OS DA EQUIPE **B**, DEPOIS RESPONDA ÀS QUESTÕES.

NUMERE OS BALÕES PARA ENCONTRAR AS RESPOSTAS.

- QUANTOS BALÕES A EQUIPE **A** DERRUBOU? _____

- QUANTOS BALÕES A EQUIPE **B** DERRUBOU? _____

- QUANTOS BALÕES FORAM DERRUBADOS AO TODO? _____

O JOGO DE BASQUETE
IDEIAS DE ACRESCENTAR E JUNTAR

VAMOS CONHECER UM POUCO O JOGO DE BASQUETE.

O LANCE LIVRE É ARREMESSADO DA POSIÇÃO EM QUE MARTA ESTÁ. SE O JOGADOR ACERTAR, O TIME FAZ 1 PONTO. SE O JOGADOR ARREMESSAR A BOLA DA POSIÇÃO DE ANTÔNIO E ACERTAR, O TIME FAZ 2 PONTOS. JÁ SE ACERTAR A CESTA DA POSIÇÃO DE JÚLIA, FAZ 3 PONTOS.

1 OBSERVE OS DOIS ARREMESSOS CERTOS DE ANTÔNIO.

_____ PONTOS   _____ PONTOS

AO TODO, ANTÔNIO FEZ _____ PONTOS.

2 OBSERVE A PONTUAÇÃO E COMPLETE A FRASE.

	PRIMEIRO JOGO	SEGUNDO JOGO
MARTA	5 PONTOS	4 PONTOS
JÚLIA	2 PONTOS	6 PONTOS

• MARTA FEZ AO TODO _____ PONTOS E JÚLIA, _____ PONTOS.

3 NAS PARTIDAS FINAIS, ANTÔNIO MARCOU:

- 6 PONTOS NA SEMIFINAL;
- 3 PONTOS NA FINAL.

A) PINTE A QUANTIDADE DE PONTOS QUE ANTÔNIO MARCOU. USE DUAS CORES, UMA PARA CADA JOGO.

B) COMPLETE.

6 PONTOS MAIS 3 PONTOS É IGUAL A _____ PONTOS

4 EM CERTO JOGO, CADA JOGADOR LANÇOU DOIS DADOS. LIGUE OS DADOS AO TOTAL DE PONTOS DE CADA JOGADOR.

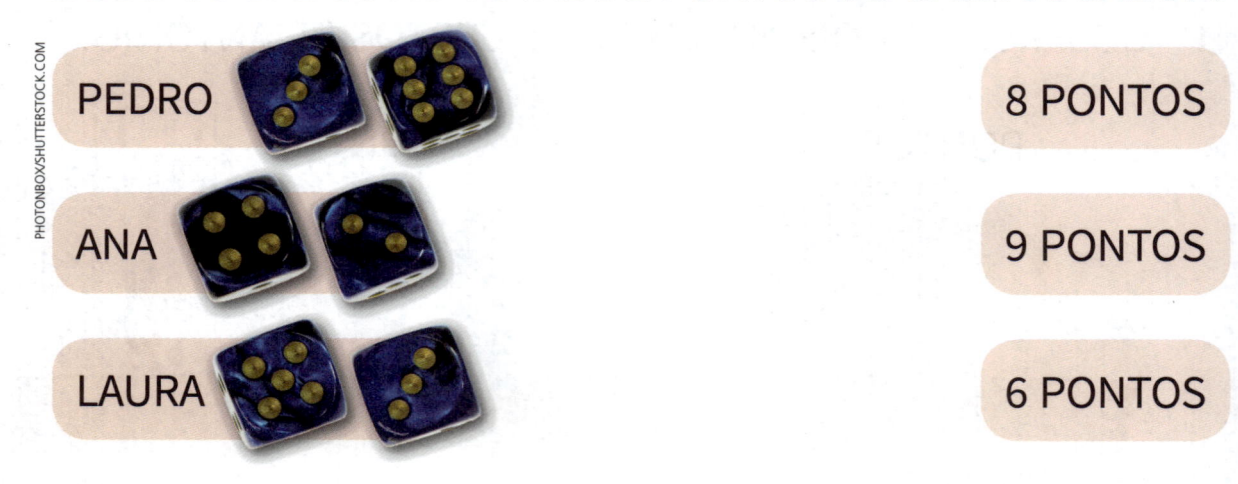

PEDRO   8 PONTOS

ANA   9 PONTOS

LAURA   6 PONTOS

5 MARCELA CONSEGUIU 9 PONTOS AO LANÇAR UM DADO DUAS VEZES. CONTORNE OS PONTOS QUE ELA TIROU.

6 MARCOS E RENATO GOSTAM DE COLECIONAR LATAS.

MARCOS   RENATO

A) CONTE E ESCREVA QUANTAS LATAS CADA UM DELES TEM.

_____

AGORA, MARCOS E RENATO JUNTARAM TODAS AS LATAS EM UMA CAIXA.

B) QUANTAS LATAS ELES COLOCARAM NA CAIXA? COMPLETE OS ESPAÇOS PARA RESPONDER.

◆ ELES COLOCARAM _____ LATAS NA CAIXA, POIS _____ MAIS _____ É IGUAL A _____.

SETENTA E CINCO **75**

7 VÍTOR E LUCIANA ESTÃO JOGANDO BOLINHAS.

A) CONTE E ESCREVA QUANTAS BOLINHAS CADA UM TEM NAS MÃOS.

_____

ELES JUNTARAM AS BOLINHAS EM UM POTE.

B) QUANTAS BOLINHAS VÍTOR E LUCIANA GUARDARAM NO POTE? COMPLETE OS ESPAÇOS PARA RESPONDER.

◆ VÍTOR E LUCIANA COLOCARAM _____ BOLINHAS NO POTE, POIS _____ MAIS _____ É IGUAL A _____.

8 CARINA ESTÁ BRINCANDO COM SUAS BONECAS.

A) QUANTAS BONECAS ELA TEM?

- CARINA TEM _____ BONECAS.
  FERNANDA, SUA PRIMA, CHEGOU E TROUXE MAIS 2 BONECAS.

B) AS DUAS PRIMAS ESTÃO BRINCANDO COM QUANTAS BONECAS?

- ELAS ESTÃO BRINCANDO COM _____ BONECAS,

  POIS _____ MAIS _____ É IGUAL A _____ .

SETENTA E SETE

9 VINÍCIUS TEM UMA COLEÇÃO DE CARRINHOS.

A) QUANTOS CARRINHOS ELE TEM?

• VINÍCIUS TEM _____ CARRINHOS EM SUA COLEÇÃO. EM SEU ANIVERSÁRIO, ELE GANHOU 4 CARRINHOS NOVOS.

B) VINÍCIUS FICOU COM QUANTOS CARRINHOS?

• ELE FICOU COM _____ CARRINHOS, POIS _____ MAIS _____ É IGUAL A _____.

BRINCANDO COM JOGOS
REPRESENTAÇÃO DA ADIÇÃO

VOCÊ JÁ JOGOU **DOMINÓ**?

CONVERSE COM OS COLEGAS E O PROFESSOR E DESCUBRA COMO JOGAR.

BIA CONVIDOU AS AMIGAS PARA BRINCAR COM PEÇAS DE DOMINÓ, MAS DE OUTRA MANEIRA. CADA JOGADORA DEVERIA PEGAR UMA PEÇA DE DOMINÓ E MOSTRAR ÀS COLEGAS. TODAS DEVERIAM CONTAR OS PONTOS DA PEÇA. QUEM TIRASSE MAIS PONTOS, GANHAVA AS PEÇAS DAS OUTRAS. VEJA AO LADO UMA PEÇA DE DOMINÓ QUE BIA PEGOU:

JUNTANDO OS PONTOS DE UM LADO COM OS PONTOS DO OUTRO LADO, QUANTOS PONTOS BIA TIROU? COMPLETE A FRASE.

- 5 PONTOS MAIS 4 PONTOS É IGUAL A _____ PONTOS

PARA INDICAR A **ADIÇÃO**, PODEMOS UTILIZAR SÍMBOLOS:

$$5 + 4 = \underline{}.$$

LEMOS: CINCO **MAIS** QUATRO **É IGUAL A** _____.

1 NO **JOGO DE VARETAS**, CADA COR TEM UMA PONTUAÇÃO.

7 PONTOS   5 PONTOS   3 PONTOS   2 PONTOS   1 PONTO

RELACIONE CADA PAR DE VARETAS AO TOTAL DE PONTOS QUE ELAS REPRESENTAM.

A)

B)

C)

D)

1 + 3 = 4

5 + 1 = 6

2 + 3 = 5

7 + 1 = 8

2 QUAL DAS DUPLAS TEM MAIS PALITOS? MARQUE COM **X**.

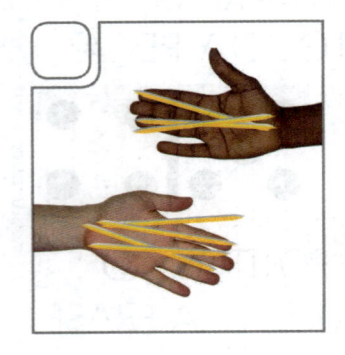

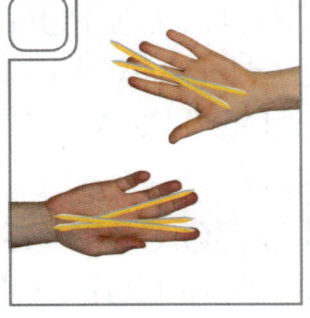

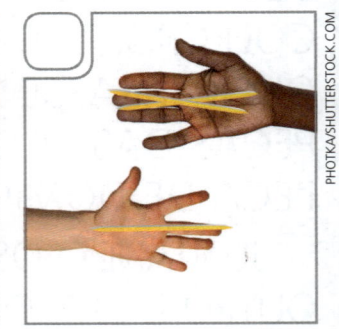

3 EM UM **JOGO DE BOLINHAS DE GUDE**, GUSTAVO CONSEGUIU, EM DUAS JOGADAS, SETE BOLINHAS. COMO ELE OBTEVE ESSA QUANTIDADE? DESENHE AS BOLINHAS E FAÇA A ADIÇÃO.

1ª JOGADA

2ª JOGADA

4 COMPLETE AS ADIÇÕES. VEJA O EXEMPLO.

> 9 CUBINHOS MAIS 1 É IGUAL A 10 CUBINHOS
>
> 9 + 1 = 10

A) _____ CUBINHOS MAIS _____ É IGUAL A _____ CUBINHOS

_____ + _____ = _____

B) _____ CUBINHOS MAIS _____ É IGUAL A _____ CUBINHOS

_____ + _____ = _____

C) _____ CUBINHOS MAIS _____ É IGUAL A _____ CUBINHOS

_____ + _____ = _____

D) _____ CUBINHOS MAIS _____ É IGUAL A _____ CUBINHOS

_____ + _____ = _____

BRINCANDO COM ADIÇÃO

SITUAÇÕES DE ADIÇÃO

VAMOS JOGAR?

1. RECORTE AS CARTAS DO ENCARTE DA PÁGINA 245.
2. JUNTE-SE A UM AMIGO PARA BRINCAR.
3. EMBARALHE AS CARTAS E COLOQUE-AS EM UM MONTINHO.
4. CADA UM DEVE TIRAR UMA CARTA, DIZER QUAL É A SOMA DOS PONTOS E COLOCÁ-LA NA MESA. QUEM TIVER A MAIOR SOMA FICA COM AS CARTAS. EM CASO DE EMPATE, CADA JOGADOR DEVE TIRAR NOVAMENTE UMA CARTA.
5. QUANDO NÃO RESTAREM MAIS CARTAS NA MESA, QUEM TIVER A MAIOR QUANTIDADE DE CARTAS GANHA O JOGO.

- DESENHE A CARTA QUE TEM A MAIOR SOMA.

- DESENHE A CARTA QUE TEM A MENOR SOMA.

1 MARCOS GANHOU 4 PARTIDAS E LUCAS GANHOU 3. QUANTAS PARTIDAS OS DOIS GANHARAM NO TOTAL?

SABEMOS QUE:
- MARCOS GANHOU _____ PARTIDAS;

- LUCAS GANHOU _____ PARTIDAS.
- PARA SABER QUANTAS PARTIDAS OS DOIS GANHARAM, DEVEMOS EFETUAR UMA ADIÇÃO.
FAZEMOS O CÁLCULO:

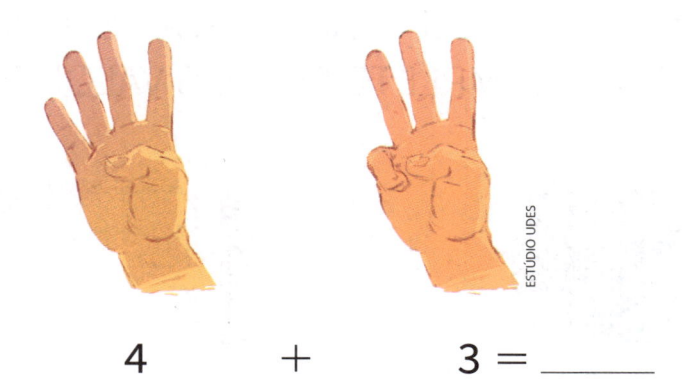

4 + 3 = _____

- ASSIM, OS DOIS MENINOS VENCERAM _____ PARTIDAS AO TODO.

OITENTA E TRÊS 83

2 A PROFESSORA REPRESENTOU ALGUNS NÚMEROS NA RETA NUMÉRICA, SEPARANDO UM DO OUTRO PELA MESMA DISTÂNCIA. PARA CADA NÚMERO ELA DESENHOU UM PONTINHO.

A) COMPLETE ESCREVENDO OS NÚMEROS QUE FALTAM.

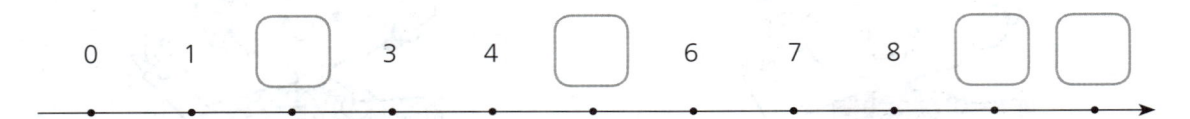

0   1   ☐   3   4   ☐   6   7   8   ☐   ☐

B) OS NÚMEROS VÃO AUMENTANDO DE UM EM UM. ENTÃO, COMPLETE AS ADIÇÕES.

0 + 1 = _____   _____ + 1 = 6

1 + 1 = _____   6 + _____ = 7

2 + 1 = _____   7 + _____ = 8

_____ + 1 = 4   _____ + 1 = 9

_____ + 1 = 5   _____ + 1 = 10

3 MARCELO TEM EM SUA CARTEIRA AS SEGUINTES NOTAS DE DINHEIRO. COMPLETE COM OS VALORES ABAIXO DE CADA NOTA.

_____ REAIS   _____ REAIS

◆ QUANTOS REAIS ELE TEM AO TODO? _____

4 EM UMA SALA DE AULA, ALGUNS ALUNOS ESTÃO EM PÉ E OUTROS ESTÃO SENTADOS.

A) DESENHE NO QUADRO ABAIXO CINCO ALUNOS EM PÉ E QUATRO ALUNOS SENTADOS.

B) QUANTOS ALUNOS HÁ NESSA SALA DE AULA? _____

5 LÚCIA COLOCOU MAIS 4 FLORES NO VASO. DESENHE NO VASO AS FLORES QUE ELA COLOCOU.

◆ COM QUANTAS FLORES O VASO FICOU? _____

6 COMPLETE AS ADIÇÕES CONFORME O MODELO.

2 + 6 = 8

A) ___ + ___ = ___
B) ___ + ___ = ___
C) ___ + ___ = ___
D) ___ + ___ = ___
E) ___ + ___ = ___

7 PINTE A FIGURA ABAIXO PARA REPRESENTAR A ADIÇÃO 3 + 6 = 9.

8 OBSERVE A IMAGEM ABAIXO.

ASSINALE COM **X** A ALTERNATIVA QUE INDICA A ADIÇÃO DOS DOCES.

A) ☐ 4 + 2 = 6   C) ☐ 4 + 3 = 7
B) ☐ 3 + 2 = 5   D) ☐ 3 + 3 = 6

9 PINTE O DESENHO CONFORME O RESULTADO DE CADA ADIÇÃO. SIGA O CÓDIGO DE CORES ABAIXO.

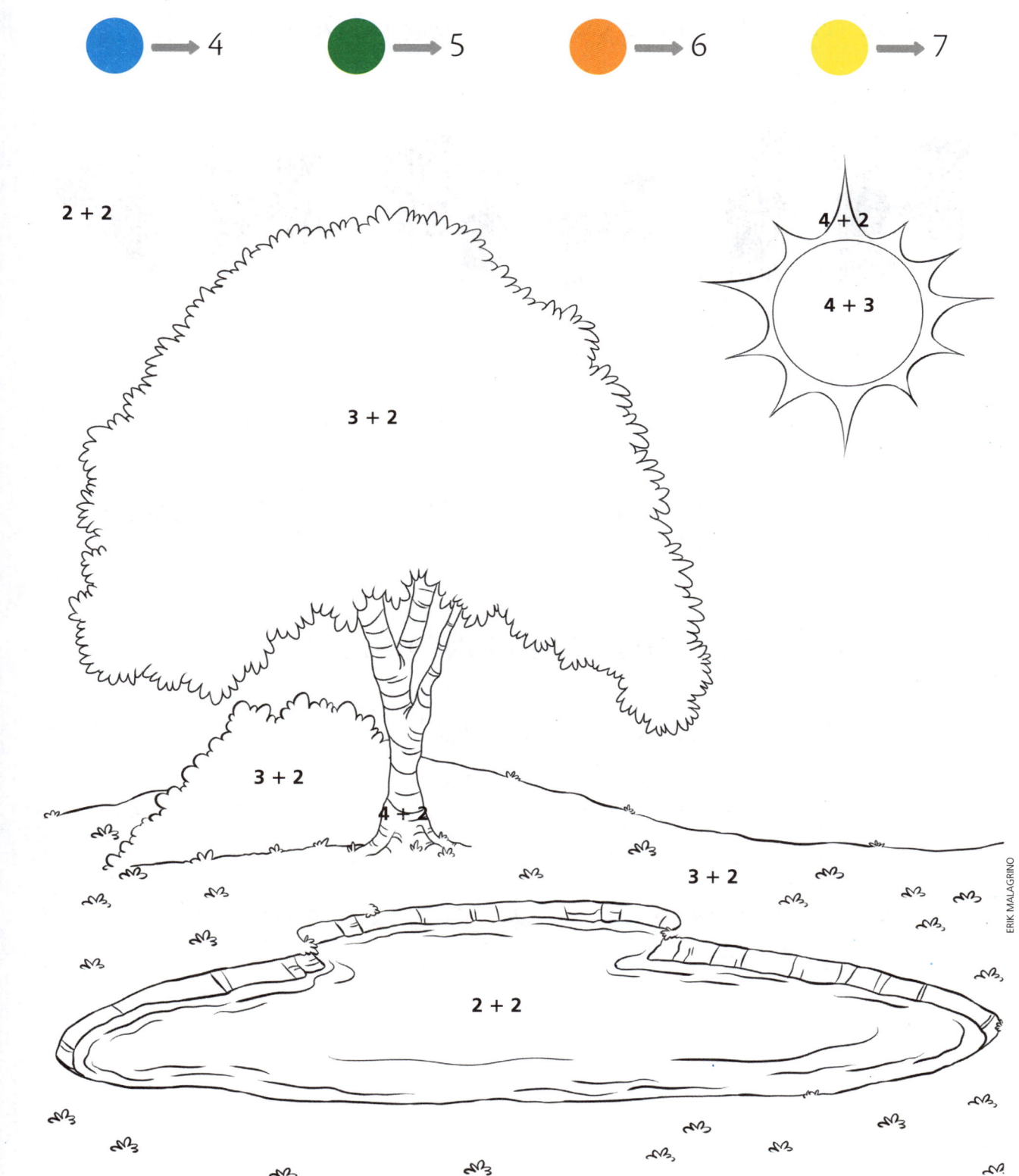

🔵 → 4   🟢 → 5   🟠 → 6   🟡 → 7

2 + 2

4 + 2

4 + 3

3 + 2

3 + 2

4 + 2

3 + 2

2 + 2

REVENDO O QUE APRENDI

1 OBSERVE AS CENAS E COMPLETE A HISTORINHA.

CENA 1   CENA 2   CENA 3

NO COMEÇO, _____ CRIANÇAS ESTAVAM BRINCANDO.

LOGO DEPOIS CHEGARAM _____ CRIANÇAS E TAMBÉM SE SENTARAM PARA BRINCAR.

AGORA, HÁ _____ CRIANÇAS BRINCANDO.

2 LIGUE AS ADIÇÕES A SEUS RESULTADOS.

3 + 2   4 + 5   5 + 1   2 + 6   3 + 6

8   6   5   9

3 COMPLETE A FRASE COM O TOTAL DE PONTOS DA BRINCADEIRA DE **DADOS**.

A) JUNTANDO [3] COM [4], TEMOS _____ PONTOS.

B) JUNTANDO [5] COM [1], TEMOS _____ PONTOS.

C) JUNTANDO [2] COM [5], TEMOS _____ PONTOS.

D) JUNTANDO [4] COM [2], TEMOS _____ PONTOS.

4 DESENHE PONTINHOS NAS PEÇAS DE DOMINÓ PARA REPRESENTAR AS ADIÇÕES.

A) 5 + 2 = _____

C) 4 + 1 = _____

B) 3 + 4 = _____

D) 6 + 0 = _____

5 PINTE OS LIVROS DE ACORDO COM O CÓDIGO DE CORES.

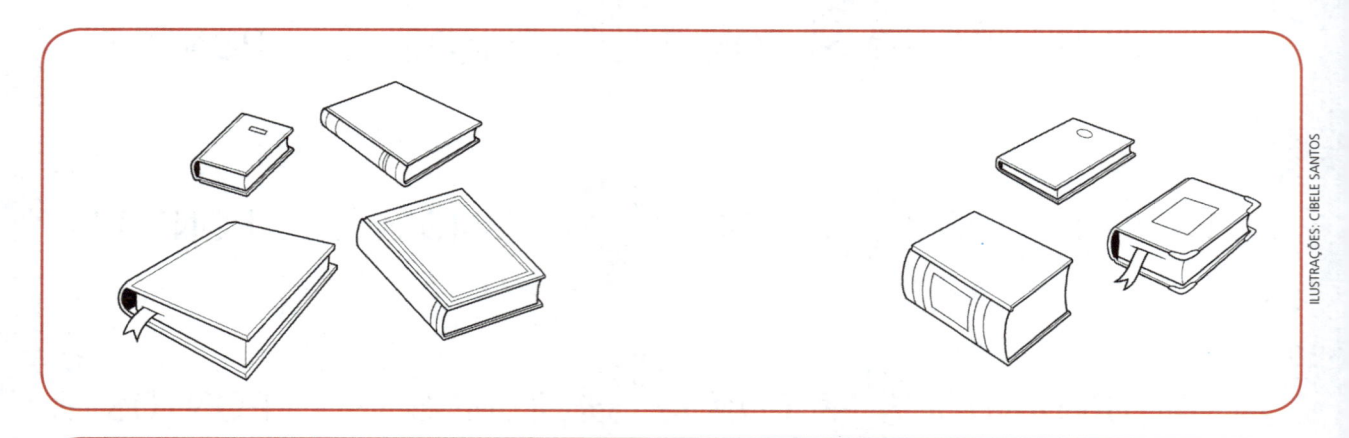

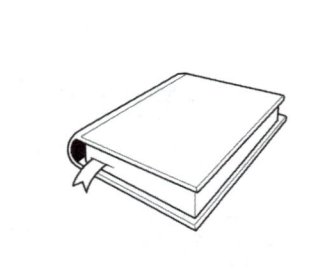

🟩 SOMA 6   🟧 SOMA 7

6 PINTE OS BALÕES PARA UMA FESTA. SIGA A LEGENDA:

- 6 (SEIS) DE **AMARELO**;
- 7 (SETE) DE **VERDE**.

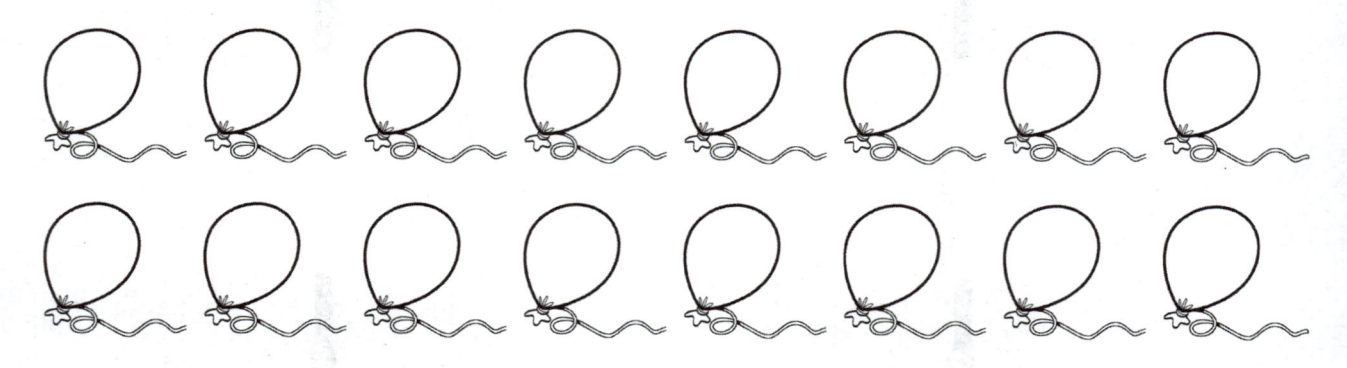

A) QUANTOS BALÕES VOCÊ COLORIU? _____

B) QUANTOS BALÕES FICARAM SEM COLORIR? _____

7 LÚCIA JOGOU O DADO DUAS VEZES E CONSEGUIU 8 PONTOS NO TOTAL. CONTORNE A FIGURA QUE REPRESENTA OS PONTOS NAS DUAS JOGADAS.

DESAFIO

1 VOLTE AO DESAFIO DO INÍCIO DA UNIDADE. OBSERVE QUE, EM CADA LINHA, A SOMA É SEMPRE 1 + 2 + 3 + 4. QUE NÚMERO É ESSE?

2 AGORA VAMOS PREENCHER OS DOIS QUADROS A SEGUIR. A REGRA É A MESMA DO DESAFIO DA ABERTURA DA UNIDADE. RETOME-A, SE NECESSÁRIO.

	2	4	
1			3
4			2
	1	3	

			3
3	2	4	
	4	3	2
2			

NOVENTA E UM 91

UNIDADE 4
NOÇÕES DE SUBTRAÇÃO

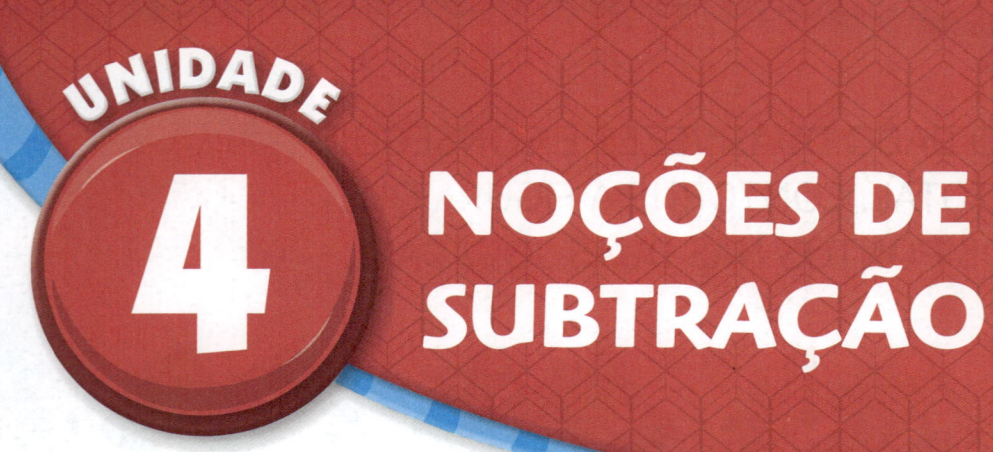

- PEDRO E LAÍS GOSTAM DE BRINCAR NA BARRACA DO **ACERTA LATAS**. ELES PERCEBERAM QUE O NÚMERO DE LATAS DIMINUÍA DA ESQUERDA PARA A DIREITA, EM CADA PILHA.
- QUANTAS LATAS DEVE HAVER NA PILHA ATRÁS DO RAPAZ?

SUBTRAINDO QUANTIDADES

OBSERVE O LANÇAMENTO DE ANA JÚLIA.

- INICIALMENTE, QUANTAS GARRAFAS ESTAVAM EM PÉ? _____
- ANA JÚLIA CONSEGUIU DERRUBAR QUANTAS GARRAFAS? _____
- QUANTAS GARRAFAS FICARAM EM PÉ? _____

O NÚMERO DE GARRAFAS EM PÉ DIMINUIU.

RISQUE A QUANTIDADE DE GARRAFAS QUE ANA JÚLIA DERRUBOU E COMPLETE A FRASE.

ERAM _____ GARRAFAS EM PÉ, ELA DERRUBOU _____

E FICARAM _____ GARRAFAS EM PÉ.

DESENHOS E FOTOGRAFIAS
IDEIAS DE RETIRAR, COMPARAR, COMPLETAR E SEPARAR

OITO AMIGOS RESOLVERAM TIRAR DUAS FOTOGRAFIAS.

COMPLETE:

HAVIA _____ CRIANÇAS NA PRIMEIRA FOTOGRAFIA. MAS

APENAS _____ DELAS ESTÃO NA SEGUNDA FOTOGRAFIA.

1 RISQUE AS CRIANÇAS QUE NÃO ESTÃO NA SEGUNDA FOTOGRAFIA.

8 CRIANÇAS MENOS _____ CRIANÇAS, RESTAM _____ CRIANÇAS

2 OBSERVE AS CENAS E COMPLETE A HISTORINHA.

_____ MENINAS ESTAVAM SENTADAS CONVERSANDO

_____ DELAS SE LEVANTARAM E FORAM À CANTINA

DAS 7 MENINAS QUE ESTAVAM SENTADAS, FICARAM APENAS _____.

3 PINTE OS BALÕES DO CARTAZ DA FESTA DE ANIVERSÁRIO.

A) QUANTOS BALÕES JÁ ESTAVAM COLORIDOS? _____

B) QUANTOS VOCÊ COLORIU? _____

4 COMPLETE AS FRASES.

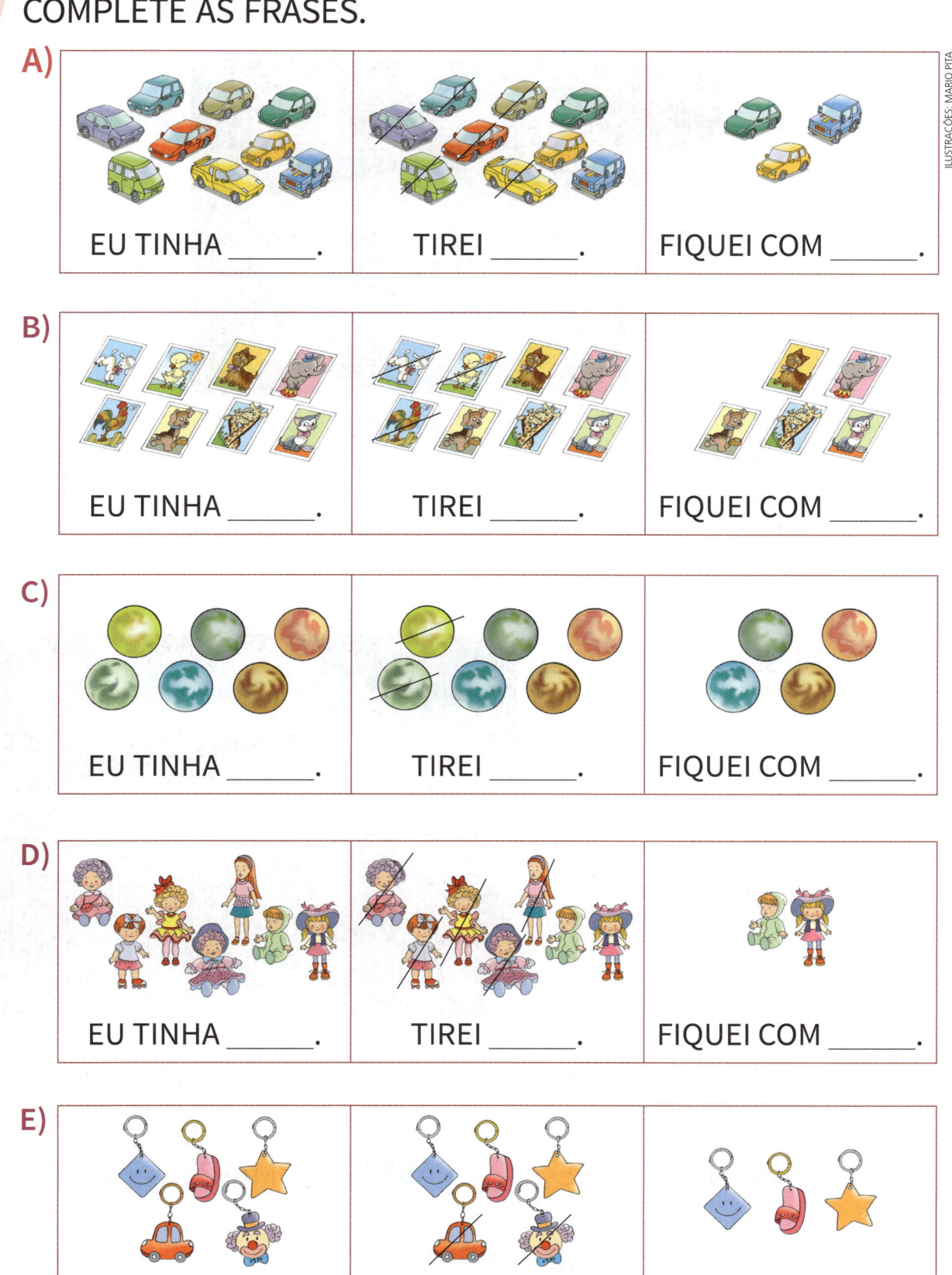

A) EU TINHA _____. TIREI _____. FIQUEI COM _____.

B) EU TINHA _____. TIREI _____. FIQUEI COM _____.

C) EU TINHA _____. TIREI _____. FIQUEI COM _____.

D) EU TINHA _____. TIREI _____. FIQUEI COM _____.

E) EU TINHA _____. TIREI _____. FIQUEI COM _____.

ILUSTRAÇÕES: MARIO PITA

5 MARTA OBSERVA OS PÁSSAROS EM UMA ÁRVORE.

A) QUANTOS PÁSSAROS ESTÃO NA ÁRVORE? _____

B) MARTA ASSOBIOU E OS DOIS PÁSSAROS AMARELOS VOARAM. CIRCULE ESSES PÁSSAROS.

C) DESENHE AO LADO OS PÁSSAROS QUE FICARAM NO GALHO.

D) QUANTOS PÁSSAROS FICARAM NO GALHO?

_____

E) COMPLETE A FRASE COM AS QUANTIDADES CORRETAS.

HAVIA NA ÁRVORE _____ PÁSSAROS. MARTA ASSOBIOU E _____ PÁSSAROS VOARAM. FICARAM _____ PÁSSAROS NO GALHO.

6 GUSTAVO, JÚLIA E GIOVANA CONSTRUÍRAM UM GRÁFICO PARA CONTAR O TOTAL DE PONTOS QUE FIZERAM EM UM JOGO. CADA QUADRADINHO VALE 1 PONTO. OBSERVE.

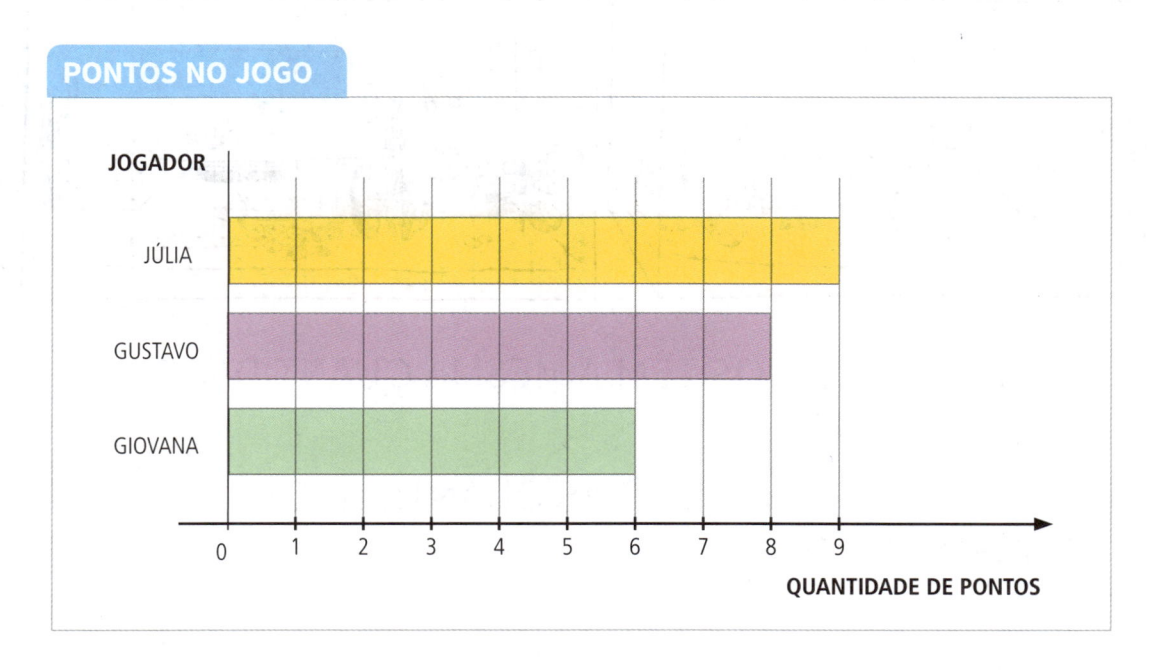

PONTOS NO JOGO

JOGADOR	QUANTIDADE DE PONTOS
JÚLIA	9
GUSTAVO	8
GIOVANA	6

AGORA, COMPLETE AS FRASES COM OS NÚMEROS CORRETOS.

A) NESSE JOGO, JÚLIA FEZ _____ PONTOS, GUSTAVO FEZ _____ PONTOS, E GIOVANA FEZ _____ PONTOS.

B) JÚLIA CONSEGUIU _____ PONTO A MAIS QUE GUSTAVO, E GUSTAVO CONSEGUIU _____ PONTOS A MAIS QUE GIOVANA.

C) JÚLIA FICOU COM _____ PONTOS A MAIS QUE GIOVANA.

D) FALTARAM _____ PONTOS PARA GIOVANA EMPATAR EM PONTOS COM GUSTAVO.

7 OBSERVE AS DUAS IMAGENS E RESPONDA ORALMENTE.

A) OS DOIS AQUÁRIOS TÊM A MESMA QUANTIDADE DE PEIXINHOS?

B) O QUE FAZER PARA QUE AS QUANTIDADES FIQUEM IGUAIS?

DESAFIO

1 DESCUBRA O SEGREDO DA SEQUÊNCIA DOS PONTOS NAS PEÇAS DE DOMINÓ E COMPLETE A ÚLTIMA PEÇA.

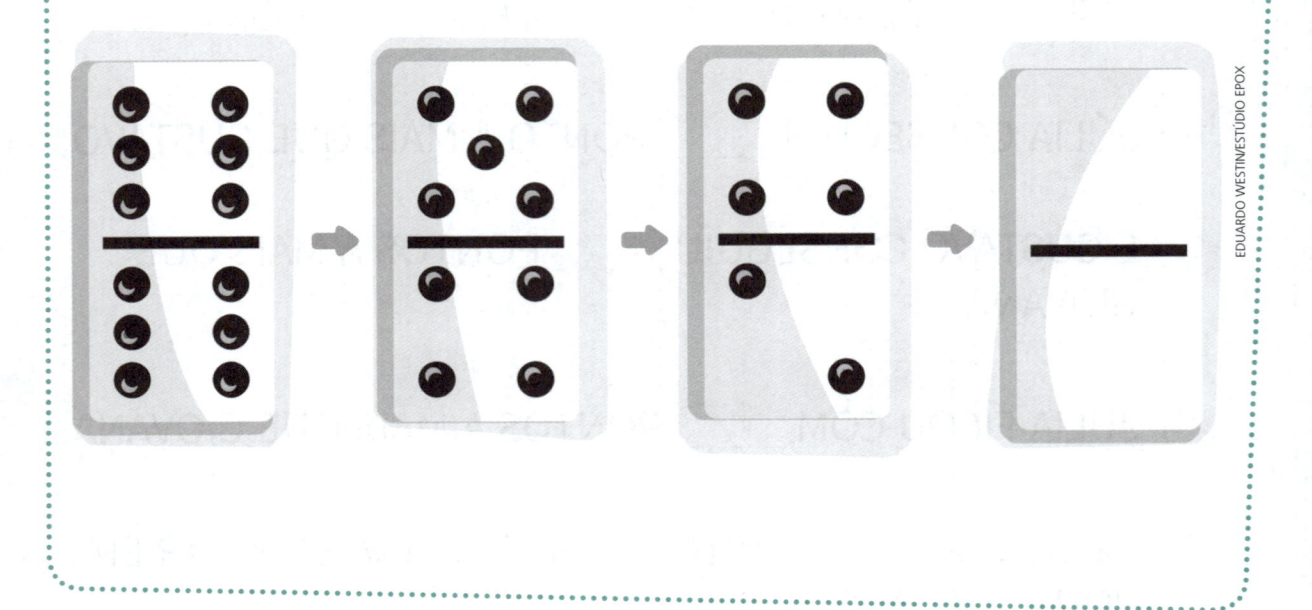

COLECIONANDO FIGURINHAS
REPRESENTAÇÃO DA SUBTRAÇÃO

VITÓRIA GOSTA DE COLECIONAR FIGURINHAS. OBSERVE DUAS PÁGINAS DO ÁLBUM DELA.

- QUANDO COMPLETAR ESSAS PÁGINAS, QUANTAS FIGURINHAS HAVERÁ NELAS? _____

- QUANTAS JÁ ESTÃO COLADAS? _____

PARA DESCOBRIR QUANTAS FIGURINHAS FALTAM PARA COMPLETAR ESSAS PÁGINAS, PODEMOS USAR A **SUBTRAÇÃO**.

PODEMOS REPRESENTAR UMA **SUBTRAÇÃO** UTILIZANDO SÍMBOLOS:

$$8 - 5 = \underline{}.$$

LEMOS: OITO **MENOS** CINCO **É IGUAL A** _____.

1 COMPLETE AS SUBTRAÇÕES PARA SABER QUANTAS FIGURINHAS FALTAM PARA COMPLETAR AS PÁGINAS DE CADA ÁLBUM. EM SEGUIDA, PINTE A QUANTIDADE DE QUADRADINHOS PARA REPRESENTAR AS FIGURINHAS QUE JÁ FORAM COLADAS.

A) 8 − 4 = _____

B) 8 − 6 = _____

C) 8 − 2 = _____

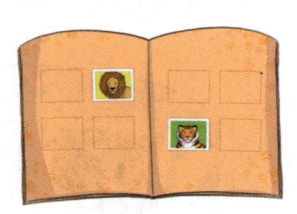

D) 8 − 8 = _____

2 OBSERVE AS FIGURINHAS REPETIDAS DE VITÓRIA.

A) HÁ MAIS FIGURINHAS DE ANIMAIS OU DE VEÍCULOS?

_____

B) ASSINALE A SUBTRAÇÃO QUE REPRESENTA A DIFERENÇA NA QUANTIDADE DE CADA TIPO DE FIGURINHA.

(8 − 6 = 2)   (7 − 5 = 2)   (9 − 7 = 2)   (4 − 2 = 2)

3 EM UMA REUNIÃO, CHEGARAM 3 PESSOAS DE UM TOTAL DE 9 QUE FORAM CONVIDADAS. QUANTAS PESSOAS AINDA FALTAM? MARQUE COM **X** NO LUGAR DE CADA UMA.

- REPRESENTE POR MEIO DE UMA SUBTRAÇÃO.

_____ – _____ = _____

- PORTANTO, FALTAM _____ PESSOAS.

4 TÉO JUNTOU DESENHOS DE ANIMAIS. DOS 7 DESENHOS QUE ELE TINHA, DEU 4 PARA KEYLA. FAÇA UM RISCO EM CADA DESENHO QUE ELE DEU.

A) COMPLETE A SUBTRAÇÃO:

7 – 4 = _____

B) ASSIM, TÉO FICOU COM _____ DESENHOS DE ANIMAIS.

5 OBSERVE A SEGUIR O **GRÁFICO** QUE O PROFESSOR DE EDUCAÇÃO FÍSICA ELABOROU SOBRE AS ATIVIDADES PRATICADAS POR SEUS 25 ALUNOS EM UMA SEMANA.

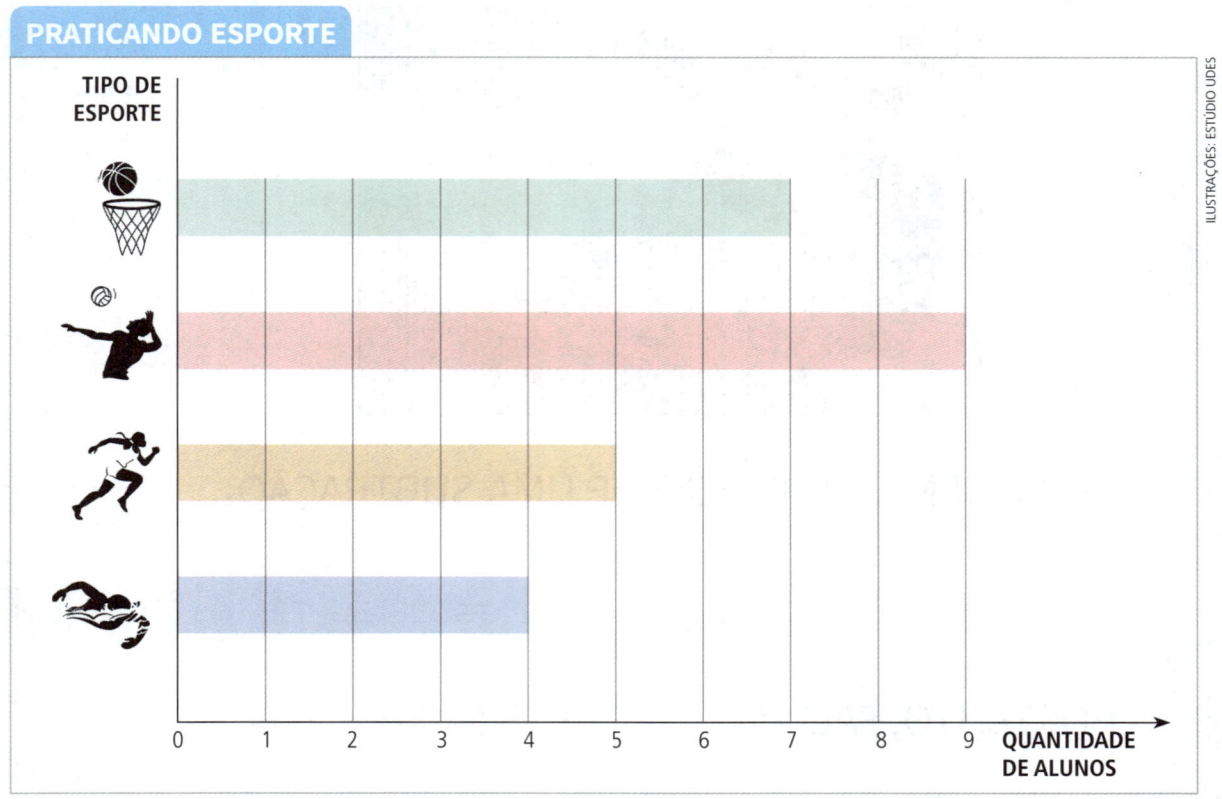

PRATICANDO ESPORTE

TIPO DE ESPORTE	QUANTIDADE DE ALUNOS
🏀 BASQUETE	7
🏐 VÔLEI	9
🏃 CORRIDA	5
🏊 NATAÇÃO	4

FONTE: PROFESSOR DE EDUCAÇÃO FÍSICA.

A) HÁ MAIS PESSOAS QUE PRATICAM VÔLEI OU BASQUETE?

☐ VÔLEI. ☐ BASQUETE.

B) QUANTAS A MAIS?

_____

C) QUANTAS PESSOAS A MENOS PRATICAM NATAÇÃO EM COMPARAÇÃO COM AS QUE PRATICAM CORRIDA?

_____

OBSERVANDO À NOSSA VOLTA
SITUAÇÕES DE SUBTRAÇÃO

NA ESCOLA, TODOS OS DIAS, JÚNIOR, JÚLIA E LUCAS SOBEM UMA ESCADA PARA CHEGAR À SALA DE AULA.

- QUANTOS DEGRAUS HÁ NA ESCADA? _____

- QUANTOS DEGRAUS FALTAM PARA JÚLIA CHEGAR ATÉ JÚNIOR? _____

- QUANTOS DEGRAUS JÚLIA SUBIU A MAIS DO QUE LUCAS? _____

1 JÚNIOR SUBIU 9 DEGRAUS E JÚLIA, 6. PINTE A SUBTRAÇÃO QUE INDICA O NÚMERO DE DEGRAUS QUE FALTAM PARA JÚLIA CHEGAR ATÉ JÚNIOR.

9 − 3 = 6	8 − 3 = 5	9 − 6 = 3
6 − 3 = 3	7 − 4 = 3	

2 OBSERVE AS DUAS FILAS DE ALUNOS NO PÁTIO DA ESCOLA.

A) ESCREVA UMA SUBTRAÇÃO QUE INDIQUE A DIFERENÇA ENTRE O NÚMERO DE ALUNOS DAS DUAS FILAS.

_____ – _____ = _____

B) SE 3 CRIANÇAS ENTRAREM EM UMA DAS FILAS, QUANTOS ALUNOS A MAIS ELA TERÁ? _____

3 QUANTOS ALUNOS A MAIS TEM A EQUIPE **VERDE**? PINTE A RESPOSTA.

| 5 | 2 | 3 | 0 | 1 |

SE MAIS UM ALUNO ENTRAR NA EQUIPE **LARANJA** E OUTRO NA EQUIPE **VERDE**, QUANTOS ALUNOS A MAIS TERÁ A MAIOR EQUIPE? PINTE A RESPOSTA.

| 5 | 2 | 3 | 0 | 1 |

4 OBSERVE AS IMAGENS A SEGUIR, ELABORE UM PROBLEMA SOBRE A SITUAÇÃO E RESOLVA-O NO CADERNO.

_____

_____

_____

5 PINTE COM A MESMA COR A SUBTRAÇÃO E O RESULTADO DELA. VEJA O EXEMPLO.

| 8 − 6 | 9 − 2 | 6 − 3 | 7 − 6 |
| 7 − 1 | 6 − 1 | 5 − 1 | 4 − 4 |

| 0 | 1 | 2 | 3 |
| 4 | 5 | 6 | 7 |

CENTO E SETE 107

6 WESLEY ESTÁ BRINCANDO DE BOLICHE. ELE DERRUBOU DOIS PINOS.

A) PINTE OS DOIS PINOS QUE ELE DERRUBOU.

B) QUANTOS PINOS FICARAM EM PÉ? _____

C) COMPLETE COM AS QUANTIDADES CORRETAS:

ESTAVAM EM PÉ _____ PINOS. MARCOS DERRUBOU _____ PINOS. FICARAM EM PÉ _____ PINOS.

7 MARQUE COM **X** A RESPOSTA DE CADA QUESTÃO.

A) SE AS AULAS TERMINAM ÀS 10 HORAS E AGORA SÃO 8 HORAS, QUANTAS HORAS AINDA TENHO DE AULA?

☐ 2 HORAS ☐ 3 HORAS ☐ 4 HORAS

B) SE HOJE É DIA 3, QUANTOS DIAS FALTAM PARA CHEGAR O DIA 8?

☐ 3 DIAS ☐ 4 DIAS ☐ 5 DIAS

C) SE MINHA MÃE FEZ 9 DOCES E 5 JÁ FORAM COMIDOS, QUANTOS DOCES AINDA HÁ?

☐ 2 DOCES ☐ 3 DOCES ☐ 4 DOCES

ADIVINHE QUANTO É!
SITUAÇÕES DE ADIÇÃO E SUBTRAÇÃO

OLHA SÓ A BRINCADEIRA INVENTADA PELA TURMA.

ADIVINHE: QUAL É O NÚMERO QUE ADICIONADO A 3 DÁ 7?

JÁ SEI! É O NÚMERO 4.

VOCÊ CONCORDA COM A RESPOSTA DO MENINO?
COMO PODEMOS SABER SE A RESPOSTA DELE ESTÁ CERTA?
VOCÊ PODE ENCONTRAR O NÚMERO DE DUAS MANEIRAS. COMPLETE AS LACUNAS E DESCUBRA.

UTILIZANDO UMA ADIÇÃO:
☐ + 3 = 7.

UTILIZANDO UMA SUBTRAÇÃO:
7 − 3 = ☐.

- ELABORE UMA ADVINHAÇÃO QUE ENVOLVA NÚMEROS PARA FAZER A UM COLEGA. ELE ACERTOU?
  ☐ SIM.   ☐ NÃO.

1 ADIVINHE QUANTO É.

A) SE EU CONSEGUIR 3 BOLINHAS A MAIS, COMPLETO 8. QUANTAS BOLINHAS TENHO?

_____ + 3 = 8

B) PEDRO TEM 7 ANOS. DAQUI A 2 ANOS, QUE IDADE ELE TERÁ?

7 + 2 = _____

C) ELABORE UM PROBLEMA QUE UTILIZE UMA ADIÇÃO PARA A RESOLUÇÃO DELE. A SEGUIR, ANOTE A ADIÇÃO.

_____ + _____ = _____

2 LIGUE A ADIÇÃO OU A SUBTRAÇÃO AO NÚMERO QUE A COMPLETA.

2 + _____ = 8

6 − _____ = 1

9

6

3

5

_____ − 5 = 4

_____ + 2 = 5

3 SENTE-SE AO LADO DE UM COLEGA E LEIAM, JUNTOS, A HISTÓRIA A SEGUIR.

TRÊS AMIGOS FORAM BRINCAR NA PRAÇA.
LÁ CHEGANDO, ENCONTRARAM OUTROS CINCO, QUE JÁ ESTAVAM BRINCANDO.
DOIS DELES FORAM EMBORA.
QUANTOS AMIGOS CONTINUARAM BRINCANDO?

A) FORAM EMBORA: _____ .

B) FICARAM BRINCANDO: _____ – _____ = _____ .

4 DESCUBRA O SEGREDO DE CADA SEQUÊNCIA E ESCREVA O NÚMERO QUE FALTA.

A) 6 → 5 → 4 → _____

B) 3 → 4 → 5 → _____

C) 9 → 7 → 5 → _____

D) 0 → 3 → 6 → _____

5 OBSERVE NA **TABELA** O NÚMERO DE PONTOS DE CADA ALUNO APÓS UMA BRINCADEIRA FEITA EM SALA DE AULA.

RESULTADOS	
ALUNOS	PONTOS
ARTUR	9
BONI	6
CAMILO	3
DIANA	5
ESTER	4
FAUSTO	9
GINA	2

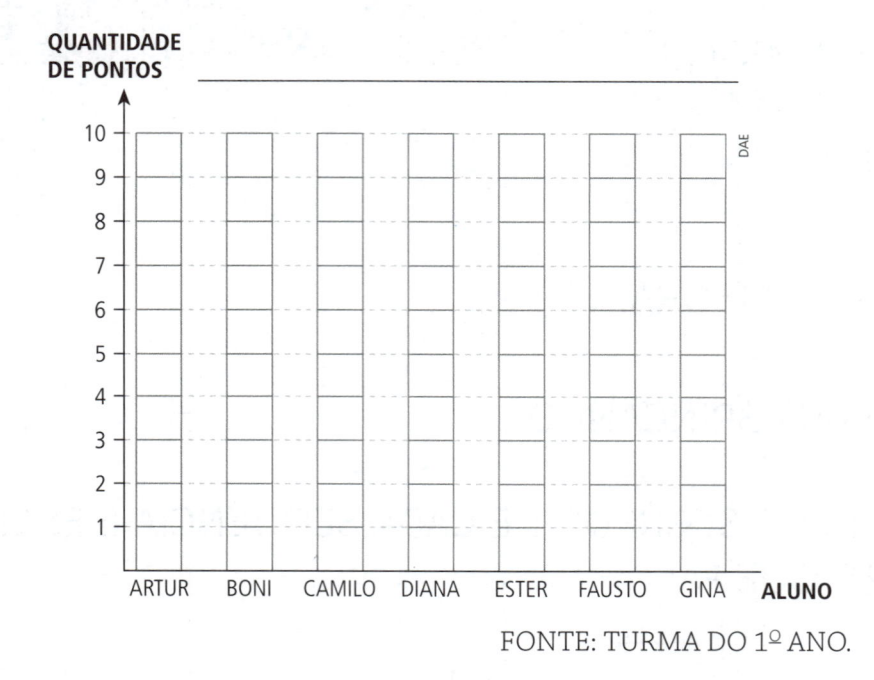

A) PINTE A QUANTIDADE DE PONTOS DE CADA ALUNO NO GRÁFICO A SEGUIR E DÊ UM TÍTULO A ELE. PARA CADA PONTO, PINTE UM QUADRINHO.

FONTE: TURMA DO 1º ANO.

B) OBSERVE AS INFORMAÇÕES DO GRÁFICO E RESPONDA:

- QUEM TEM MENOS PONTOS? _____
- CAMILO PAROU DE BRINCAR E PASSOU SEUS PONTOS PARA ESTER. COM QUANTOS PONTOS ELA FICOU? _____
- QUANTOS PONTOS ARTUR TEM A MAIS QUE DIANA? _____

6 LAURO SEPAROU AS FIGURINHAS DA DIREITA PARA DAR A SEU AMIGO JOÃO. QUAL SUBTRAÇÃO INDICA A QUANTIDADE DE FIGURINHAS QUE PEDRO TERÁ DEPOIS DE DAR AS QUE SEPAROU? PINTE A RESPOSTA DE VERMELHO.

7 − 2 = 5

8 − 3 = 5

8 − 6 = 2

7 − 1 = 6

7 GABRIELA E BRUNA ESTÃO JOGANDO. ELAS PINTAM UMA BOLINHA PARA CADA PONTO MARCADO.

GABRIELA

BRUNA

COMPLETE AS FRASES COM AS QUANTIDADES CORRETAS.

A) GABRIELA TEM _____ PONTOS E BRUNA TEM _____ PONTOS.

B) BRUNA TEM _____ PONTOS A MAIS QUE GABRIELA.

CENTO E TREZE 113

REVENDO O QUE APRENDI

1 OBSERVE AS DUAS EQUIPES DE UMA GINCANA.

◆ AO TODO, HÁ MAIS CRIANÇAS EM PÉ OU SENTADAS?

_____. QUANTAS A MAIS? _____

2 QUAL É A DIFERENÇA NO NÚMERO DE PONTOS ENTRE OS DOIS LADOS DE CADA PEÇA DE DOMINÓ?

A) 4 − 2 = _____

B) 5 − 5 = _____

C) 6 − 1 = _____

D) 3 − 0 = _____

3 EM UMA CAIXA HAVIA 7 BOLINHAS COLORIDAS. MATEUS COLOCOU MAIS 2 BOLINHAS DENTRO DELA. QUANTAS BOLINHAS FICARAM NA CAIXA? FAÇA UM DESENHO PARA RESPONDER.

4 A PROFESSORA FEZ UM GRÁFICO DOS LANCHES PREFERIDOS PELOS ALUNOS DA TURMA ENCONTRADOS NA CANTINA DA ESCOLA.

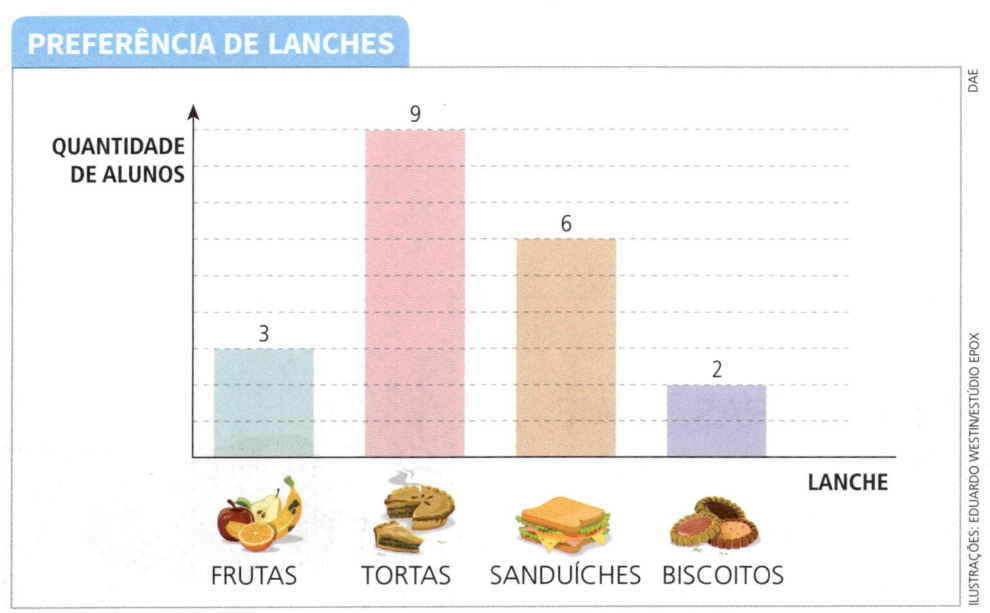

PREFERÊNCIA DE LANCHES

QUANTIDADE DE ALUNOS

- FRUTAS: 3
- TORTAS: 9
- SANDUÍCHES: 6
- BISCOITOS: 2

LANCHE

FONTE: CANTINA DA ESCOLA.

A) COMO PODEMOS SABER QUANTAS CRIANÇAS A MAIS PREFEREM TORTAS SALGADAS A BISCOITOS? ESCREVA A RESPOSTA NO QUADRO A SEGUIR.

B) SE REUNIRMOS AS CRIANÇAS QUE PREFEREM SANDUÍCHES COM AS QUE PREFEREM FRUTAS, QUANTAS SERÃO NO TOTAL?

5 PRECISO CONSEGUIR 3 FIGURINHAS PARA COMPLETAR AS 9 FIGURINHAS DE UMA PÁGINA. QUANTAS FIGURINHAS EU TENHO? FAÇA UM DESENHO PARA RESPONDER.

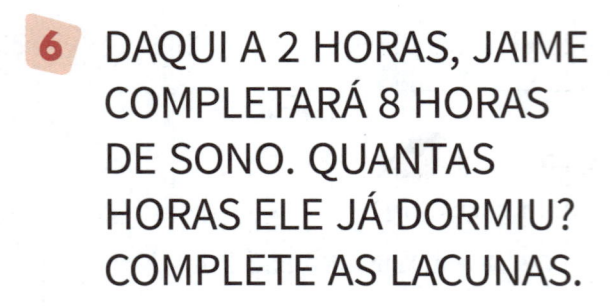

6 DAQUI A 2 HORAS, JAIME COMPLETARÁ 8 HORAS DE SONO. QUANTAS HORAS ELE JÁ DORMIU? COMPLETE AS LACUNAS.

_____ + 2 = 8

OU

8 − 2 = _____

7 TENHO 9 ESTRELINHAS DESENHADAS NO CADERNO. JÁ COLORI 4 DELAS. QUANTAS AINDA TENHO DE COLORIR? COMPLETE AS LACUNAS.

9 − 4 = _____

OU

4 + _____ = 9

DESAFIO

1 RETORNE AO DESAFIO DO INÍCIO DA UNIDADE E RESPONDA: SE HOUVESSE MAIS UMA PILHA À DIREITA, QUANTAS LATAS HAVERIA NELA? DESENHE A RESPOSTA.

2 AGORA SE JUNTE A UM COLEGA PARA RESOLVER O DESAFIO A SEGUIR.

EM CADA TIJOLO HÁ UM NÚMERO. A ORDEM DOS NÚMEROS É UM SEGREDO. DESCUBRA QUAL É O SEGREDO PARA ENCONTRAR O NÚMERO QUE FALTA.

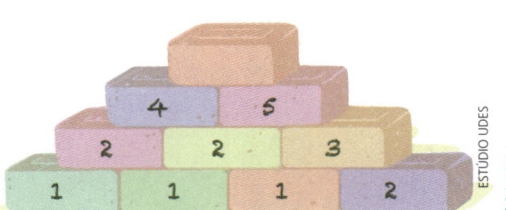

PARA IR MAIS LONGE

LIVROS

▶ **APRENDENDO OS NÚMEROS COM OS BACKYARDIGANS**, DE FABIANE ARIELLO. CURITIBA: EDITORA FUNDAMENTO, 2009.

ATIVIDADES DIVERTIDAS PARA VOCÊ E AVENTURAS COM OS PERSONAGENS DO BACKYARDIGANS. VOCÊ VAI APRENDER OS NÚMEROS BRINCANDO.

▶ **QUANTOS BICHOS?**, DE FERNANDO DE ALMEIDA, MARIANA ZANETTI E RENATA BUENO. SÃO PAULO: EDITORA DO BRASIL, 2010.

VAMOS JUNTAR ALGUNS BICHOS? COMO FAZER ISSO? COM CERTEZA USAREMOS NÚMEROS. ESSA É A PROPOSTA DA OBRA.

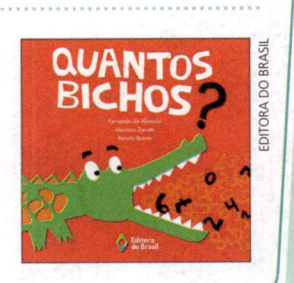

UNIDADE 5
SISTEMA DE NUMERAÇÃO DECIMAL

- QUAIS SÃO OS NÚMEROS DO CARTAZ? ELES ESTÃO EM UMA CERTA ORDEM, ISTO É, NUMA SEQUÊNCIA, E HÁ UMA RELAÇÃO ENTRE ELES. DESCUBRA QUAL É PARA SABER O NÚMERO QUE DEVE SER COLOCADO NO LUGAR DA INTERROGAÇÃO.

DESAFIO
1 1 2 3 5 8 ?

SENHOR CAPITÃO

REPITA A PARLENDA.

BAMBALALÃO,
SENHOR CAPITÃO,
ESPADA NA CINTA,
SINETE NA MÃO.

PARLENDA.

OS NÚMEROS AUMENTAM DE 1 EM 1. LIGUE OS PONTOS PARA DESCOBRIR A FIGURA. COMECE NO **0** E VEJA QUE CADA NÚMERO É 1 A MAIS DO QUE O ANTERIOR.

OS NÚMEROS VÃO AUMENTANDO. COMPLETE.

3 + 1 =   5 + 1 =   7 + 1 =

4 + 1 =   6 + 1 =   8 + 1 =

QUAL É O NÚMERO QUE VEM LOGO DEPOIS DO 9?

AUMENTANDO DE 1 EM 1, PODEMOS ESCREVER E CONTAR NÚMEROS CADA VEZ MAIORES.

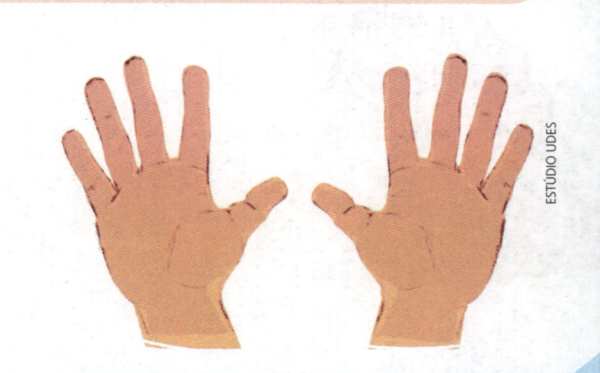

MAIS PARLENDAS
O NÚMERO 10

UM, DOIS,
FEIJÃO COM ARROZ.
TRÊS, QUATRO,
FEIJÃO NO PRATO.
CINCO, SEIS,
FALAR INGLÊS.
SETE, OITO,
COMER BISCOITO.
NOVE, DEZ,
COMER PASTÉIS.

ROSINHA. *SEU REI BOCA DE FORNO*. SÃO PAULO: EDITORA DO BRASIL, 2012.

ESCREVA OS NÚMEROS.

____, ____, FEIJÃO COM ARROZ

____, ____, FEIJÃO NO PRATO

____, ____, FALAR INGLÊS

____, ____, COMER BISCOITO

____, ____, COMER PASTÉIS.

JUNTAMOS **10 (DEZ)** PASTÉIS, QUE É O MESMO QUE UMA **DEZENA** DE PASTÉIS.

OBSERVE AS BORBOLETAS NO JARDIM E CONTE-AS. FAÇA UM TRACINHO EM CADA UMA PARA NÃO SE CONFUNDIR.

- QUANTAS BORBOLETAS VOCÊ ENCONTROU?

REGISTRE: _____.

1 PARA CADA BORBOLETA, UM QUADRINHO. CONTINUE PINTANDO ATÉ FORMAR UMA DEZENA DE BORBOLETAS.

2 PINTE AS BORBOLETAS E COMPLETE AS LACUNAS COM NÚMEROS.

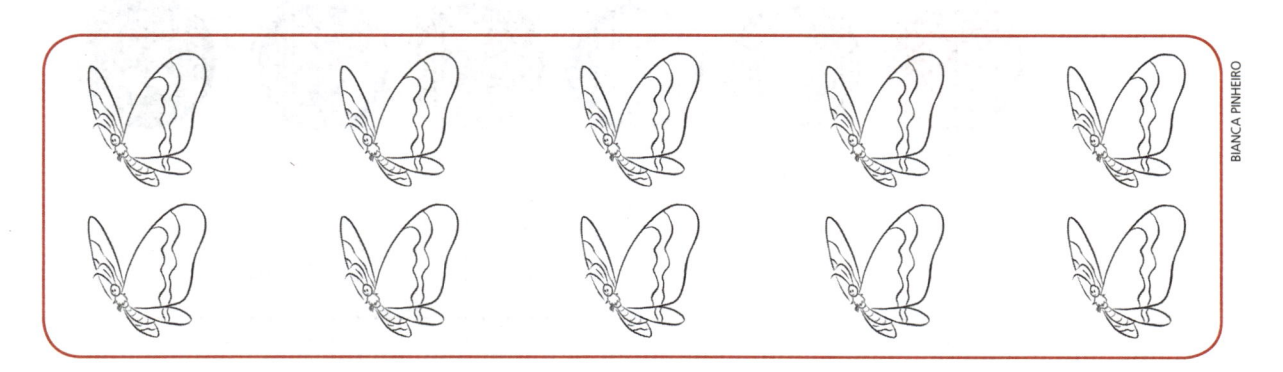

_____ BORBOLETAS OU _____ DEZENA DE BORBOLETAS

_____ FORMAM _____

3 CONTE OS LÁPIS E COMPLETE AS LACUNAS COM NÚMEROS.

_____ LÁPIS COLORIDOS OU _____ DEZENA DE LÁPIS

4 DESENHE E PINTE OS BALÕES QUE FALTAM PARA COMPLETAR UMA **DEZENA DE BALÕES**.

5 AGORA DESENHE BOTÕES ATÉ COMPLETAR UMA DEZENA.

- QUANTOS BOTÕES HÁ NO GRUPO? _____

6 LEIA O POEMA COM O PROFESSOR E PINTE UMA DEZENA DE TAMPINHAS.

O QUE É DEZENA?
VOU AGORA FALAR
CONTE DEVAGARINHO
PARA NÃO ERRAR.
CONTE ATÉ DEZ
AGORA, VOCÊ DEVE PARAR.

CONTE OS DEDOS,
TAMPINHAS E BOTÕES.
DESENHE PIPAS, BOLAS,
LUAS E BALÕES,
PICOLÉS, LÁPIS E COLAS.
VOCÊ VAI APRENDER!
O QUE É DEZENA?
É FÁCIL ENTENDER!

O QUE É DEZENA? WENIDARC CINTRA E ADRIANA FELISBINO. *ALFABETIZAÇÃO INTELIGENTE: MATEMÁTICA FANTÁSTICA*, V. 2. 2. ED. UBERLÂNDIA: CLARANTO, 2011. P. 39.

- RESPONDA ORALMENTE: O QUE "CONTE OS DEDOS" TEM A VER COM UMA DEZENA?

ESCONDE-ESCONDE
SEQUÊNCIA NUMÉRICA ATÉ 20

ONDE ENCONTRAMOS NÚMEROS MAIORES DO QUE 10? RECORTE E COLE ABAIXO AS IMAGENS DA PÁGINA 247 E, JUNTO COM OS COLEGAS E O PROFESSOR, DESCUBRA A RESPOSTA.

VAMOS CONTAR?

☐   ☐   ☐

☐   ☐   ☐

QUAL É O NÚMERO QUE VEM IMEDIATAMENTE DEPOIS DE:

◆ 16? _____　　　◆ 17? _____　　　◆ 19? _____

DEPOIS DE 10, ADICIONAMOS DE 1 EM 1, ISTO É, DE UNIDADE EM UNIDADE PARA OBTER OS PRÓXIMOS NÚMEROS. COMPLETE AS LACUNAS A SEGUIR.

10 + _____

1 DEZENA + _____ UNIDADE

_____ (ONZE) UNIDADES

VOCÊ CONHECE O MATERIAL DOURADO?

ELE É FORMADO POR VÁRIAS PEÇAS, ENTRE ELAS O CUBINHO E A BARRA. DEZ CUBINHOS PODEM SER TROCADOS POR UMA BARRA.

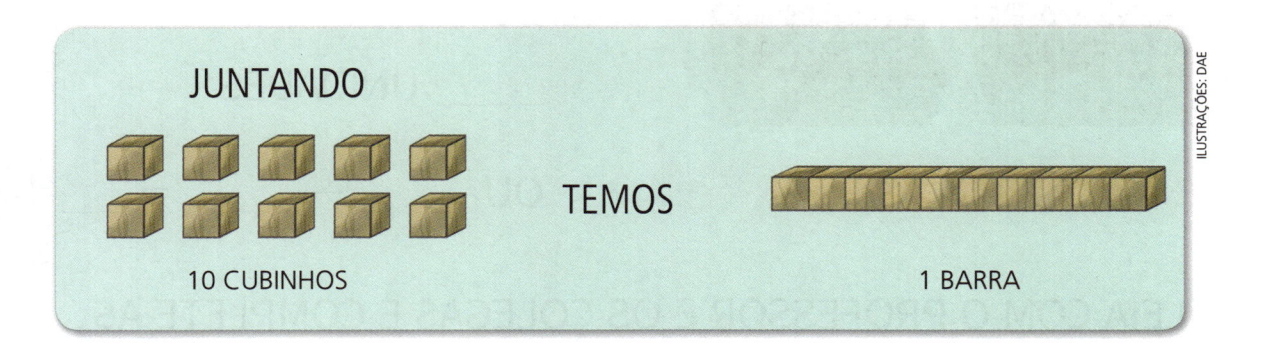

JUNTANDO 10 CUBINHOS TEMOS 1 BARRA

UTILIZAMOS O MATERIAL DOURADO PARA REPRESENTAR QUANTIDADES.

1 A TURMA REPRESENTOU AS QUANTIDADES A SEGUIR COM O MATERIAL DOURADO. ESCREVA OS NÚMEROS QUE FALTAM.

A)

10 + 2 = _____ (DOZE)

B)

10 + 3 = _____ (TREZE)

C)

10 + 4 = _____ (CATORZE)

D)

10 + 5 = _____ (QUINZE)

CENTO E VINTE E SETE **127**

2 NO SUPERMERCADO HAVIA 16 (DEZESSEIS) MAÇÃS NA PRATELEIRA. COMPLETE AS LACUNAS COM OS NÚMEROS.

_____ DEZENA E

_____ UNIDADES

16 MAÇÃS   OU _____ + _____ = _____

3 LEIA COM O PROFESSOR E OS COLEGAS E COMPLETE AS LACUNAS.

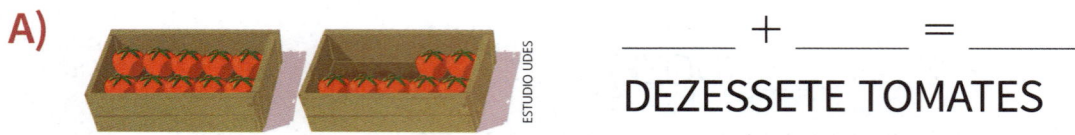

AQUI, FRUTAS E VERDURAS! AGORA COM PREÇO ESPECIAL!

A) _____ + _____ = _____
DEZESSETE TOMATES

B) _____ + _____ = _____
DEZOITO PERAS

C) _____ + _____ = _____
DEZENOVE MANGAS

D) _____ DEZENAS = _____
VINTE PÊSSEGOS

4 COMPLETE O QUADRO COM A SEQUÊNCIA NUMÉRICA DE 1 A 20.

1	2	3							10
11	12								

RESPONDA:

A) QUAL É O NÚMERO QUE REPRESENTA 1 DEZENA E 5 UNIDADES? _____

B) QUE NÚMERO REPRESENTA 1 DEZENA? _____

C) E QUAL REPRESENTA 2 DEZENAS? _____

5 QUEM TEM MAIS BOLINHAS DE GUDE? CONTE AS BOLINHAS E COMPLETE:

_____ TEM MAIS BOLINHAS

DO QUE _____.

LUANA

ANDRÉ

6 DESENHE 2 DEZENAS DE PALITOS E COMPLETE A FRASE.

- 2 DEZENAS DE PALITOS É O MESMO QUE _____ PALITOS

UMA PARTIDA DE FUTEBOL
NÚMEROS ATÉ 39

OBSERVE OS JOGADORES QUE ESTARÃO EM CAMPO NO JOGO DE FUTEBOL DA ESCOLA.

- QUANTOS JOGADORES HÁ NO TIME **A**? _____

- E NO TIME **B**? _____
- JUNTANDO OS DOIS TIMES, QUANTOS JOGADORES HÁ AO TODO? _____

CADA FICHA A SEGUIR REPRESENTA UM JOGADOR. AGRUPE-AS DE 10 EM 10.

AGORA, COMPLETE AS LACUNAS.

HÁ _____ DEZENAS E _____ UNIDADES DE JOGADORES. **OU** SÃO _____ JOGADORES AO TODO.

2 DEZENAS → 20 UNIDADES

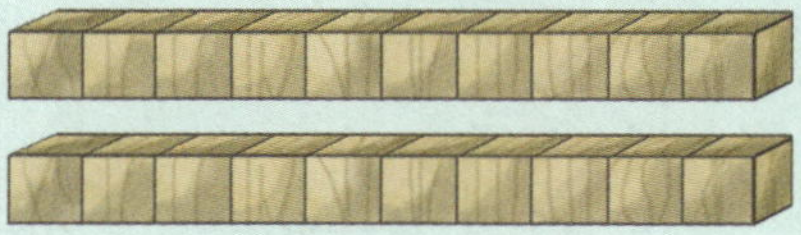

20 (VINTE)

3 DEZENAS → 30 UNIDADES

30 (TRINTA)

1 AGRUPE DE 10 EM 10 PARA CONTAR OS PASSARINHOS.

- SÃO _____ DEZENAS E _____ UNIDADES DE PASSARINHOS QUE SOMAM _____ PASSARINHOS.

2 LIGUE O MATERIAL DOURADO À ADIÇÃO CORRESPONDENTE.

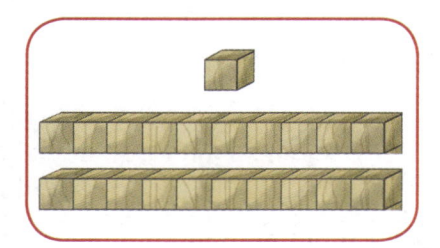

30 + 4 = 34
TRINTA E QUATRO

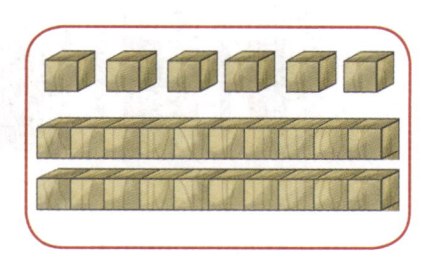

20 + 6 = 26
VINTE E SEIS

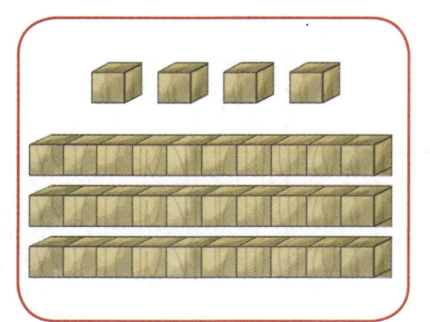

30 + 7 = 37
TRINTA E SETE

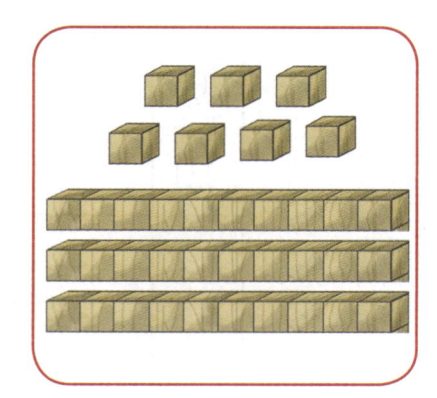

20 + 1 = 21
VINTE E UM

3 COMPLETE AS LACUNAS COM A QUANTIDADE DE LÁPIS.

A) _____ + _____ = _____
(VINTE E CINCO)

B) _____ + _____ = _____
(TRINTA E QUATRO)

C) _____ + _____ = _____
(VINTE E NOVE)

D) _____ + _____ = _____
(TRINTA E OITO)

4 COMPLETE O QUADRO COM OS NÚMEROS DE 0 A 39.

0	1	2					8	9
10				14				19
					25			
						36		

5 DESCUBRA O TOTAL DE JOANINHAS. FORME GRUPOS DE 10.

A) QUANTOS GRUPOS DE 10 JOANINHAS VOCÊ FORMOU? _____

B) QUANTAS JOANINHAS SOBRARAM? _____

C) QUANTAS JOANINHAS HÁ AO TODO? _____

6 LIGUE OS PONTOS E DESCUBRA O ANIMAL QUE VIVE NA FAZENDA DE REINALDO.

CIBELE SANTOS

CENTO E TRINTA E TRÊS 133

7 VEJA COMO JENIFER UTILIZA A RETA NUMÉRICA PARA COMPARAR NÚMEROS.

UMA MAÇÃ VERDE CUSTA 4 REAIS NA QUITANDA. EU TENHO 6 REAIS. A QUANTIA QUE TENHO É MAIOR OU MENOR QUE O VALOR DA MAÇÃ?

PARA COMPARAR ESSES NÚMEROS, BASTA VERIFICAR A POSIÇÃO DELES NA RETA NUMÉRICA. O QUE ESTÁ À DIREITA DE UM NÚMERO É MAIOR, LOGO, O QUE ESTÁ À ESQUERDA É MENOR.

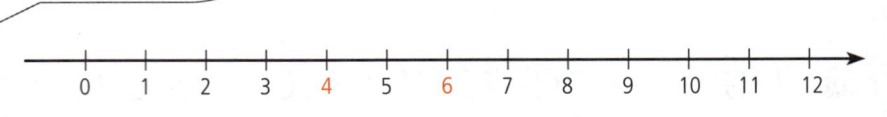

0 1 2 3 4 5 6 7 8 9 10 11 12

4 É MENOR QUE 6, POIS ESTÁ À ESQUERDA DO 6

ASSIM COMO JENIFER, UTILIZE A RETA NUMÉRICA PARA COMPARAR OS NÚMEROS A SEGUIR. DEPOIS, COMPLETE AS AFIRMAÇÕES.

0 1 2 3 4 5 6 7 8 9 10 11 12 13 14 15 16 17 18 19 20 21 22 23 24 25 26 27 28 29 30 31 32 33 34 35 36 37 38 39

A) 23 É _____ (MAIOR/MENOR) QUE 19, POIS 23 ESTÁ

À _____ (DIREITA/ESQUERDA) DO 19

B) 36 É _____ (MAIOR/MENOR) QUE 38, POIS 36 ESTÁ

À _____ (DIREITA/ESQUERDA) DO 38

QUANTAS TAMPINHAS?

NÚMEROS ATÉ 100

OS ALUNOS TROUXERAM PARA A SALA DE AULA ALGUMAS TAMPINHAS PARA UMA ATIVIDADE E AS COLOCARAM EM CIMA DA MESA DO PROFESSOR.

PARA DESCOBRIR QUANTAS TAMPINHAS JUNTARAM, ELES FORMARAM GRUPOS DE 10 TAMPINHAS EM COPOS PLÁSTICOS E SOBRARAM ALGUMAS. OBSERVE:

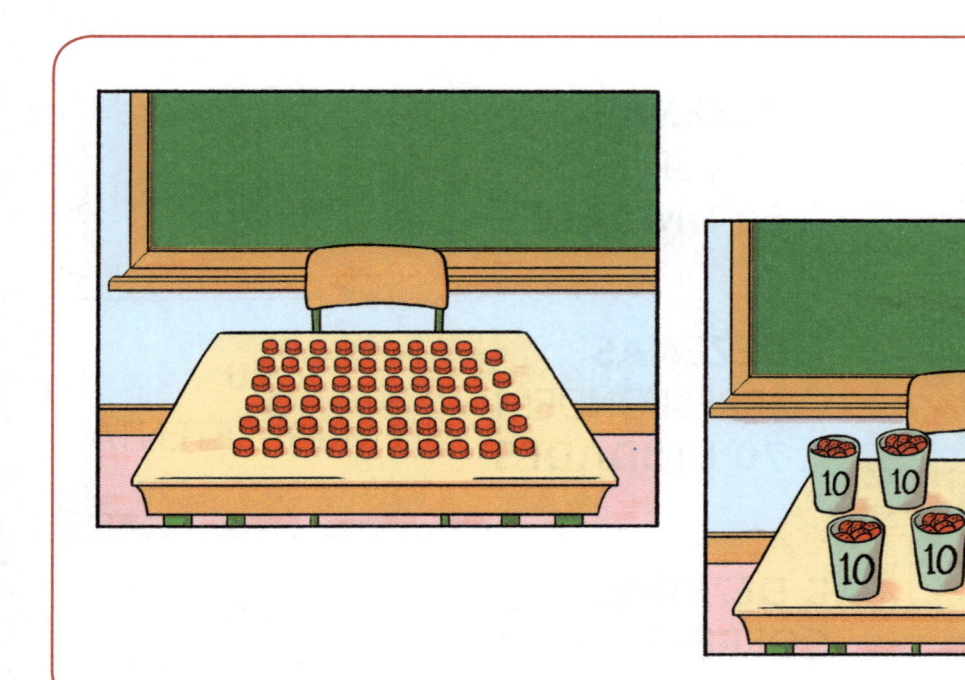

RESPONDA:

- QUANTOS COPOS COM 10 TAMPINHAS ELES ENCHERAM?

_____ COPOS.

- QUANTAS TAMPINHAS FICARAM FORA DOS COPOS? _____

- QUANTAS TAMPINHAS ELES JUNTARAM AO TODO? _____

PODEMOS REPRESENTAR COM O MATERIAL DOURADO:

4 DEZENAS CORRESPONDEM A **40 UNIDADES**

40
LEMOS: QUARENTA.

5 DEZENAS CORRESPONDEM A **50 UNIDADES**

50
LEMOS: CINQUENTA.

6 DEZENAS CORRESPONDEM A **60 UNIDADES**

60
LEMOS: SESSENTA.

7 DEZENAS CORRESPONDEM A **70 UNIDADES**

70
LEMOS: SETENTA.

8 DEZENAS CORRESPONDEM A **80 UNIDADES**

80
LEMOS: OITENTA.

9 DEZENAS CORRESPONDEM A **90 UNIDADES**

90
LEMOS: NOVENTA.

10 DEZENAS CORRESPONDEM A **100 UNIDADES**

100
LEMOS: CEM.

1 CIRCULE AS ABELHAS PARA FORMAR GRUPOS COM 10 ABELHAS EM CADA UM.

- QUANTOS GRUPOS DE 10 ABELHAS VOCÊ FORMOU?

  _____

- QUANTAS ABELHAS SOBRARAM? _____

- QUANTAS ABELHAS EXISTEM AO TODO? _____

2 LIGUE AS ADIÇÕES COM AS REPRESENTAÇÕES FEITAS COM O MATERIAL DOURADO.

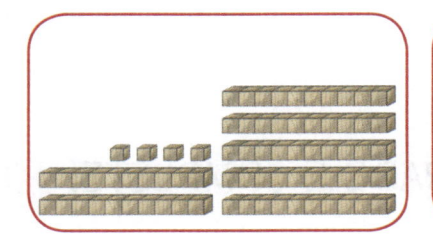

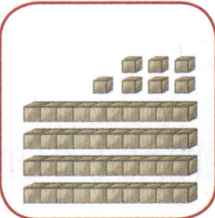

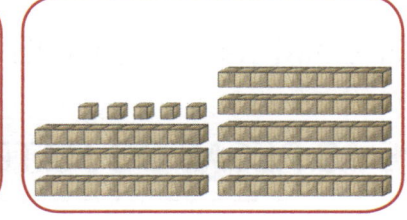

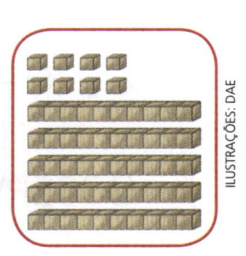

40 + 7 = 47   50 + 8 = 58   70 + 4 = 74   80 + 5 = 85

> QUANDO JUNTAMOS 10 BARRAS DO MATERIAL DOURADO FORMAMOS UMA PLACA.
>
> **10 DEZENAS** CORRESPONDEM A **100 UNIDADES**
>
> OU
>
> **10 DEZENAS** CORRESPONDEM A **1 CENTENA**

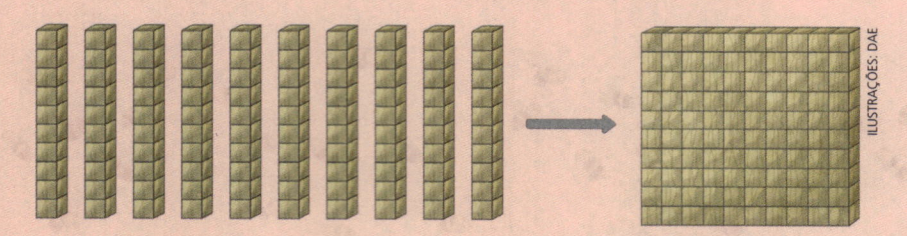

3 COMPLETE A RETA NUMÉRICA COM OS NÚMEROS QUE ESTÃO FALTANDO.

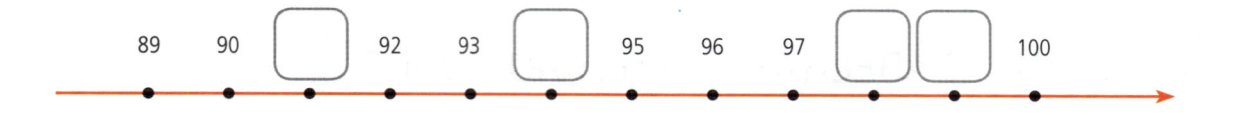

89 90 ☐ 92 93 ☐ 95 96 97 ☐ ☐ 100

- QUE NÚMERO VEM IMEDIATAMENTE ANTES DO 100? _____

- E IMEDIATAMENTE DEPOIS DO 97? _____

4 OBSERVE AS PEÇAS DO MATERIAL DOURADO E COMPLETE:

_____ BARRAS   _____ CUBINHOS

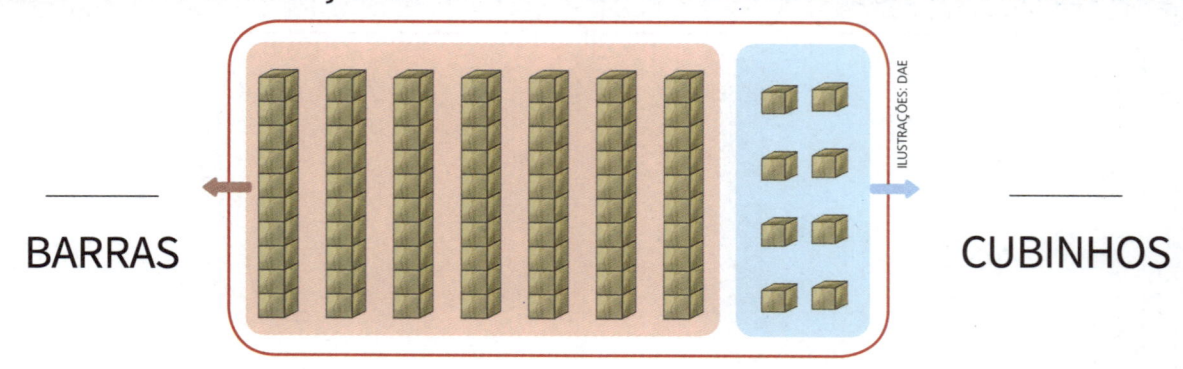

70 + 8 = _____

5 LIGUE OS PONTOS DE 1 ATÉ 99 PARA DESCOBRIR QUAL ANIMAL PODE CHEGAR A 100 (CEM) ANOS DE VIDA.

MATEMÁTICA EM AÇÃO

O DINHEIRO UTILIZADO NO BRASIL CHAMA-SE **REAL**. POR MEIO DELE, PODEMOS FAZER PAGAMENTOS, COMPRAR ROUPAS, ALIMENTOS E DIVERSAS OUTRAS COISAS. NOSSO DINHEIRO TEM CÉDULAS E MOEDAS, E CADA UMA DELAS TEM UM VALOR.

- OBSERVE, COM O PROFESSOR, ALGUMAS SITUAÇÕES EM QUE UTILIZAMOS DINHEIRO.

COMPLETE COM O VALOR DA CÉDULA.

_____ REAIS

COMPLETE COM O VALOR DA CÉDULA.

_____ REAIS

COMPLETE COM O VALOR DE CADA MOEDA.

_____ REAL

VEJA OUTRAS CÉDULAS DE NOSSO DINHEIRO, O REAL:

2 REAIS

50 REAIS

100 REAIS

◆ COM O AUXÍLIO DO PROFESSOR, ESCREVA OS VALORES DE OUTRAS MOEDAS DE REAL.

VALOR:

_____ (UM) CENTAVO

VALOR:

_____ (VINTE E CINCO) CENTAVOS

VALOR:

_____ (CINCO) CENTAVOS

VALOR:

_____ (DEZ) CENTAVOS

VALOR:

_____ (CINQUENTA) CENTAVOS

RESPONDA:

◆ QUANTAS MOEDAS DE 1 REAL PODEM SER TROCADAS POR UMA CÉDULA DE 20 REAIS? _____
DESENHE-AS NO ESPAÇO A SEGUIR:

O QUE POSSO COMPRAR?
SITUAÇÕES DE COMPRA E VENDA

ROBERTO TEM 15 REAIS PARA COMPRAR UM LANCHE SALGADO, UM DOCE E UMA BEBIDA, ENTRE OS PRODUTOS ABAIXO.

AS IMAGENS NÃO ESTÃO REPRESENTADAS EM PROPORÇÃO.

SALADA DE FRUTAS
R$ 6,00

FRUTAS (PORÇÃO)
R$ 3,00

SANDUÍCHE NATURAL
R$ 7,00

TORTA (FATIA)
R$ 6,00

SUCO NATURAL
R$ 6,00

CHÁ GELADO
R$ 3,00

MARQUE COM **X** OS PRODUTOS QUE ELE PODE COMPRAR, SEM ULTRAPASSAR O VALOR TOTAL.

1 SEU JOAQUIM VENDEU UMA CADEIRA QUE NÃO USA MAIS POR 20 REAIS.

◆ LUÍS PAGOU A CADEIRA COM UMA NOTA DE 50 REAIS. QUANTO ELE RECEBEU DE TROCO?

_____

◆ MARQUE COM **X** O GRUPO DE CÉDULAS QUE SEU JOAQUIM DEU DE TROCO A LUÍS.

A) [uma nota de 20 reais, duas notas de 5 reais]

B) [duas notas de 5 reais, uma nota de 2 reais, uma nota de 10 reais, duas notas de 2 reais]

2 PARA COMPRAR UM LIVRO, JÉSSICA PRECISA DE 24 REAIS. ELA JÁ TEM 19 REAIS. DESENHE A QUANTIA QUE FALTA PARA COMPRÁ-LO.

REVENDO O QUE APRENDI

1 COMPLETE A TRILHA COM OS NÚMEROS QUE FALTAM.

SAÍDA — 1, 2, ... 8, 9 (PERIGO) ... 14 ... 19, 20 (AVANCE DUAS CASAS) ... 28 ... 31 ... 37 (VOLTE DUAS CASAS) ... 39 CHEGADA

A) QUE NÚMERO VEM LOGO DEPOIS DA CASA PERIGO? _____

B) PARA QUAL CASA VOCÊ IRÁ SE CHEGAR À CASA 19? _____

C) E SE CHEGAR À CASA 37? _____

2 COMPLETE: HÁ _____ GRUPOS COM _____ BALÕES EM CADA GRUPO E _____ BALÕES SOLTOS NUM TOTAL DE _____ BALÕES.

3 COM O AUXÍLIO DO PROFESSOR, COMPLETE O CALENDÁRIO DESTE MÊS.

A) MÊS: _____

DOM	SEG	TER	QUA	QUI	SEX	SÁB

B) ALGUÉM DA TURMA FAZ ANIVERSÁRIO NESTE MÊS? EM QUE DIA? _____

C) QUANTOS DIAS AO TODO ESSE MÊS TEM? _____

4 O PAI DE MARCOS É CHAVEIRO. CONTE QUANTAS CHAVES DE UM MESMO TIPO ELE TEM. FAÇA GRUPOS DE 10 CHAVES.

A) QUANTOS GRUPOS DE 10 CHAVES VOCÊ FORMOU? _____

B) HÁ QUANTAS CHAVES NO TOTAL? _____

5 LIGUE OS NÚMEROS AO MATERIAL DOURADO.

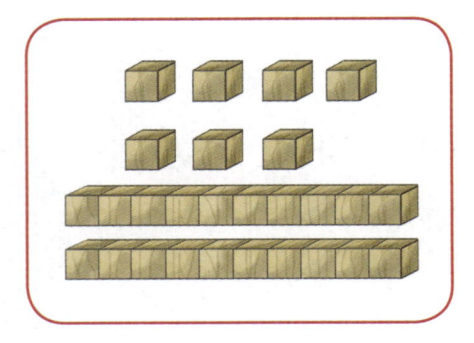

30 + 8 = 38
TRINTA E OITO

10 + 9 = 19
DEZENOVE

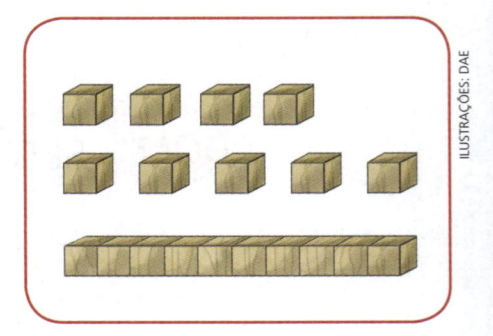

30 + 2 = 32
TRINTA E DOIS

20 + 7 = 27
VINTE E SETE

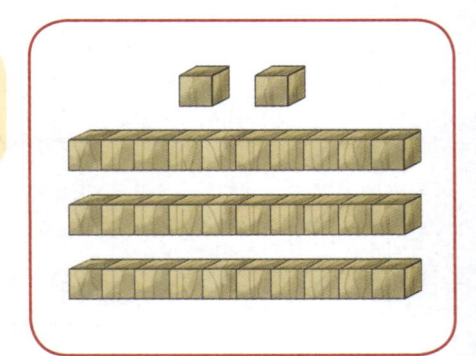

6 LUÍZA ESTÁ ECONOMIZANDO DINHEIRO. ELA ESTÁ JUNTANDO MOEDAS DE 1 REAL PARA COMPRAR UM CADERNO QUE CUSTA 25 REAIS. VERIFIQUE SE ELA JÁ TEM A QUANTIA SUFICIENTE.

A) QUANTOS REAIS LUÍZA JUNTOU? _____
B) QUANTOS REAIS SOBRAM OU FALTAM PARA A COMPRA?

DESAFIO

1 VOCÊ RESOLVEU O DESAFIO DO INÍCIO DA UNIDADE? QUE NÚMERO ENCONTROU? _____

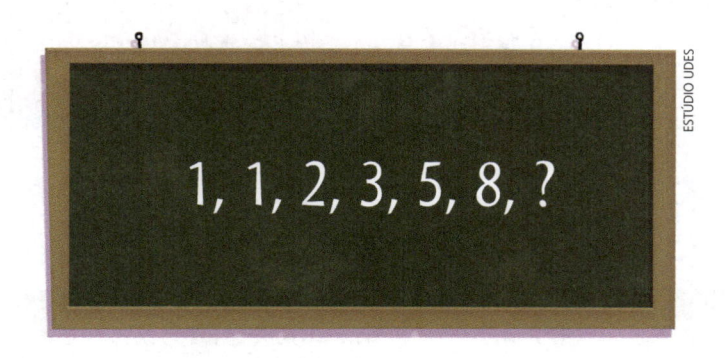

1, 1, 2, 3, 5, 8, ?

- QUAIS SÃO OS DOIS PRÓXIMOS NÚMEROS DESSA SEQUÊNCIA?

_____

2 AGORA DESCUBRA O SEGREDO DA SEQUÊNCIA NUMÉRICA ABAIXO E COMPLETE-A.

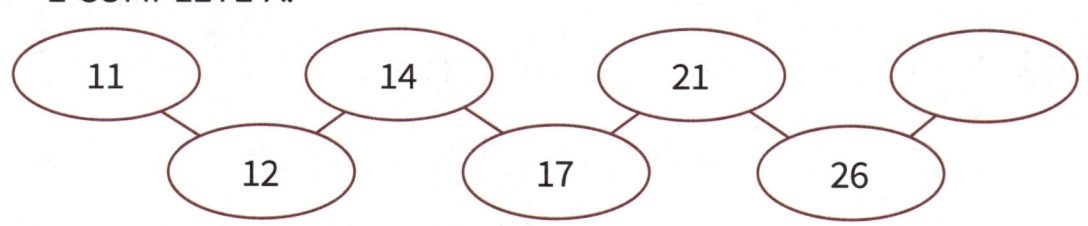

11, 14, 21, ___
12, 17, 26

ACHO QUE ENTENDI!
11, 12, 14, 17, 21, 26, ...
AUMENTA 1, DEPOIS AUMENTA 2, DEPOIS AUMENTA 3...

CENTO E QUARENTA E SETE **147**

UNIDADE 6
NOÇÕES DE GRANDEZAS E MEDIDAS

DESCUBRA O DIA DO ANIVERSÁRIO DA PROFESSORA:
- NESSE DIA HAVERÁ AULA;
- NÃO É NEM NA QUINTA-FEIRA, NEM NA SEXTA-FEIRA;
- É NA MESMA SEMANA DO DIA 27;
- MAIS 6 DIAS E SERÁ DOMINGO.

NA AULA DE EDUCAÇÃO FÍSICA

OS PROFESSORES MEDIRAM A ALTURA E A MASSA DE TODOS OS ALUNOS. VOCÊ SABE QUAL É SUA ALTURA?

NA IMAGEM A SEGUIR, A FAIXA VERMELHA AO LADO DA PORTA INDICA A ALTURA DE UMA PESSOA ADULTA. PINTE A OUTRA FAIXA PARA INDICAR SUA ALTURA APROXIMADA.

VOCÊ SABIA QUE, QUANDO FAZEMOS COMPARAÇÕES, ESTAMOS MEDINDO?

O TEMPO PERGUNTOU PARA O TEMPO...

MEDIDA DE TEMPO

LEIA COM O PROFESSOR E OS COLEGAS O TRAVA-LÍNGUA DO TEMPO. COMO PODEMOS MEDIR O TEMPO?

O TEMPO PERGUNTOU PARA
O TEMPO:
QUANTO TEMPO O TEMPO TEM?
O TEMPO RESPONDEU PARA
O TEMPO
QUE O TEMPO TEM TANTO TEMPO
QUE NEM O TEMPO PODERÁ DIZER
QUANTO TEMPO O TEMPO TEM.

TRAVA-LÍNGUA.

UTILIZAMOS O RELÓGIO PARA MEDIR O TEMPO. OS RELÓGIOS PODEM SER DE PONTEIROS OU DIGITAIS. ELES MARCAM AS HORAS. UM DIA INTEIRO TEM 24 HORAS!

OS ELEMENTOS NÃO ESTÃO REPRESENTADOS EM PROPORÇÃO.

- QUAL DOS DOIS TIPOS DE RELÓGIO HÁ EM SUA CASA? MARQUE A RESPOSTA COM **X**.

  ☐ DE PONTEIROS.   ☐ DIGITAL.

- EM QUAL HORÁRIO DO DIA VOCÊ VAI PARA A ESCOLA? MARQUE COM **X**.

  ☐ NO COMEÇO DA MANHÃ.   ☐ NO COMEÇO DA TARDE.

1 OS ALUNOS COMEÇARAM UMA BRINCADEIRA ÀS 3 HORAS. OBSERVE O RELÓGIO, QUE INDICA 3 HORAS EM PONTO, E COMPLETE AS LACUNAS.

A) O PONTEIRO **MAIOR** ESTÁ NO NÚMERO _____.

B) O PONTEIRO **MENOR** ESTÁ NO NÚMERO _____.

A BRINCADEIRA TERMINOU ÀS 4 HORAS. OBSERVE O HORÁRIO NO RELÓGIO E RESPONDA ÀS QUESTÕES.

C) EM QUAL NÚMERO ESTÁ O PONTEIRO **MENOR**?

_____

D) NO FINAL, O PONTEIRO **MAIOR** ESTAVA EM QUE NÚMERO? _____

E) QUANTO TEMPO DUROU A BRINCADEIRA?

_____

F) QUAL PONTEIRO VOCÊ ACHA QUE DEU UMA VOLTA COMPLETA?

☐ O MAIOR.   ☐ O MENOR.

2 VOCÊ SE LEMBRA DO QUE FEZ ONTEM? VAMOS RECORDAR ALGUNS MOMENTOS DE SEU DIA. DESENHE NOS ESPAÇOS ABAIXO O QUE VOCÊ FEZ NOS HORÁRIOS QUE OS RELÓGIOS ESTÃO MARCANDO.

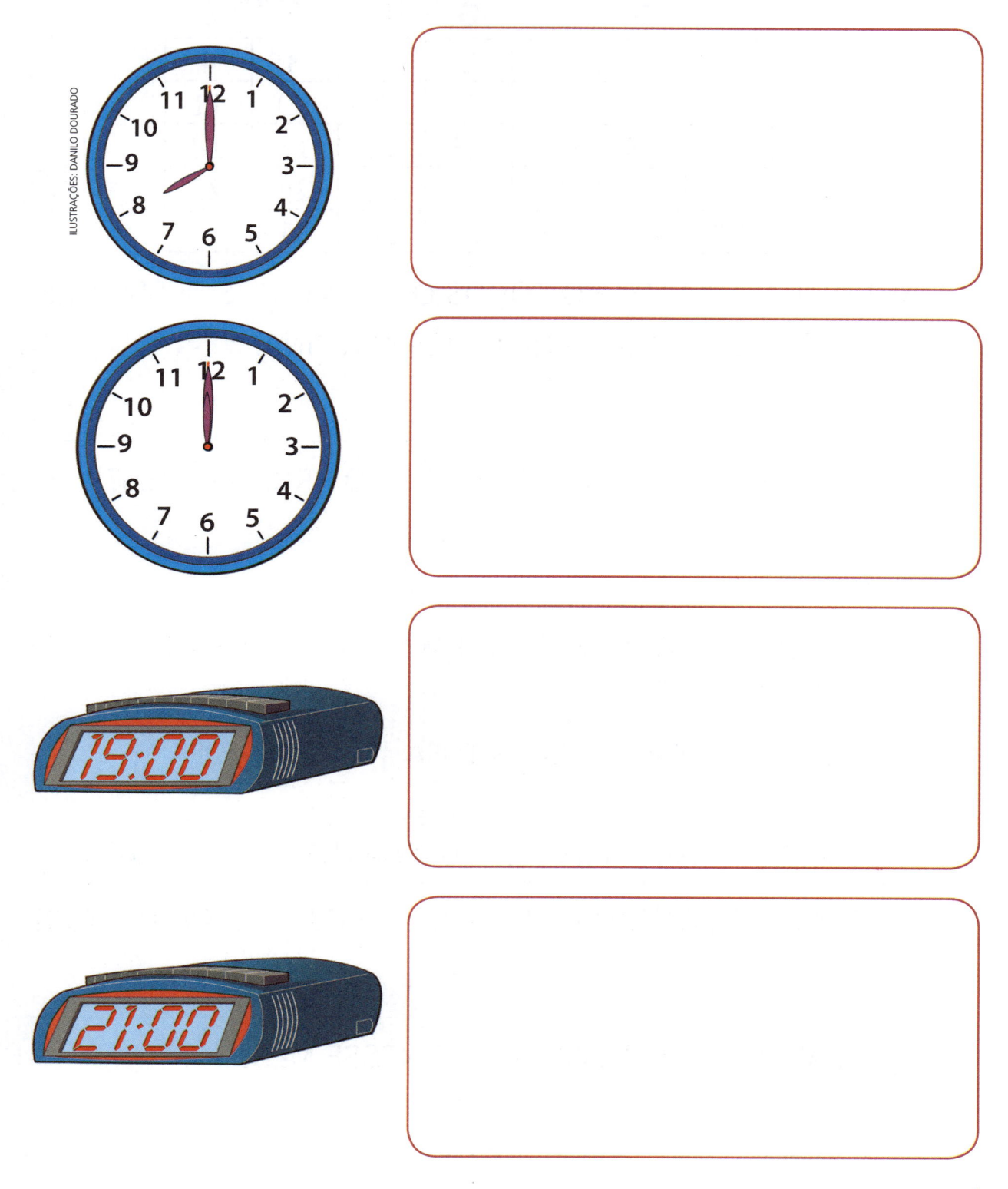

3 ALÉM DO RELÓGIO, MEDIMOS O TEMPO COM O CALENDÁRIO. ESTE É O CALENDÁRIO DO MÊS DE MAIO DE 2019.

M A I O – 2019						
D	S	T	Q	Q	S	S
			1	2	3	4
5	6	7	8	9	10	11
12	13	14	15	16	17	18
19	20	21	22	23	24	25
26	27	28	29	30	31	

A) PINTE DE VERMELHO TODOS OS DOMINGOS DESSE MÊS.

B) EM QUE DIA DA SEMANA O MÊS TERMINA?

_____

C) EM QUE DIA DA SEMANA COMEÇA O PRÓXIMO MÊS?

_____

4 CADA MÊS ESTÁ ORGANIZADO EM SEMANAS. E CADA SEMANA TEM SETE DIAS.

SEGUNDA-FEIRA   QUARTA-FEIRA   SEXTA-FEIRA

DOMINGO   TERÇA-FEIRA   QUINTA-FEIRA   SÁBADO

A) QUAIS DIAS CAÍRAM NA SEGUNDA-FEIRA EM MAIO DE 2019?

_____

B) QUANTOS DOMINGOS HOUVE NESSE MÊS?

_____

5 NO ANO DE 2021, O DIA DOS PROFESSORES SERÁ EM 15/10/2021, UMA SEXTA-FEIRA.

> CADA ANO ESTÁ ORGANIZADO EM MESES. EM UM ANO HÁ 12 MESES. OS MESES PODEM TER: 28, 29, 30 OU 31 DIAS.

A) QUANDO SERÁ SEU ANIVERSÁRIO? ESCREVA USANDO APENAS NÚMEROS: ____ /____ /_____

B) QUAL É O ÚLTIMO MÊS DO ANO? PINTE-O DE **VERMELHO** NO CALENDÁRIO.

C) CONTORNE DE **AMARELO** OS MESES QUE TÊM 31 DIAS E DE **AZUL** OS QUE TÊM APENAS 30 DIAS.

QUAL É SUA ALTURA?
MEDIDA DE COMPRIMENTO

◆ ASSINALE COM **X** UM INSTRUMENTO QUE PODE SER UTILIZADO PARA MEDIR A ALTURA DAS CRIANÇAS.

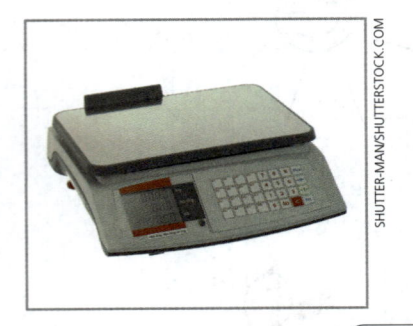

OS ELEMENTOS NÃO ESTÃO REPRESENTADOS EM PROPORÇÃO.

◆ EM SUA TURMA, QUAL É O COLEGA MAIS ALTO?

USAMOS MEDIDAS DE COMPRIMENTO NÃO APENAS PARA INDICAR A ALTURA DAS PESSOAS, MAS A LARGURA DAS RUAS, A ALTURA DE UMA PORTA ETC.

PODEMOS UTILIZAR TAMBÉM PARTES DO CORPO PARA MEDIR O COMPRIMENTO DE ALGO.

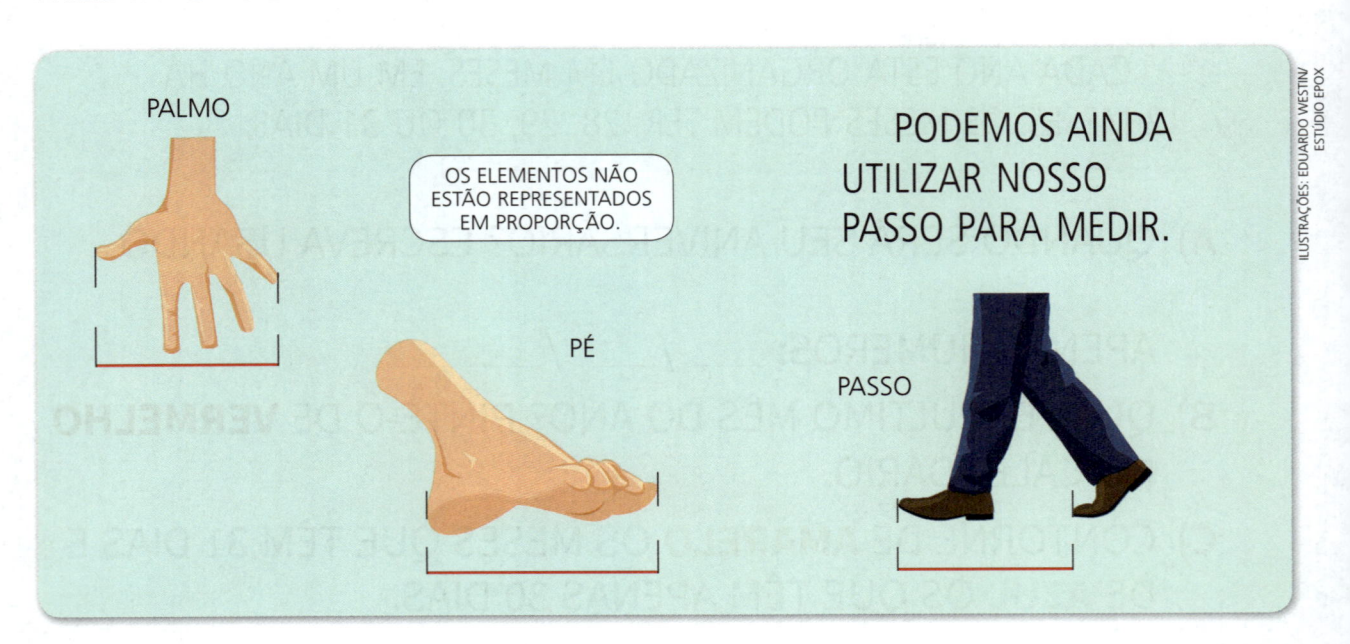

PALMO

OS ELEMENTOS NÃO ESTÃO REPRESENTADOS EM PROPORÇÃO.

PÉ

PODEMOS AINDA UTILIZAR NOSSO PASSO PARA MEDIR.

PASSO

1 VOCÊ SABE O QUE É LARGURA? REÚNA-SE COM ALGUNS COLEGAS E FORMEM UM GRUPO. CADA GRUPO UTILIZARÁ UMA FITA DE PAPEL DO MESMO TAMANHO PARA MEDIR A LARGURA DA PORTA. SIGA AS INSTRUÇÕES DO PROFESSOR.

A) QUANTAS FITAS A LARGURA DA PORTA MEDE?

_____

B) TODOS OS GRUPOS CHEGARAM AO MESMO RESULTADO?

_____

2 RESPONDA ÀS QUESTÕES.

A) O QUE VOCÊ UTILIZARIA PARA MEDIR O COMPRIMENTO DE UM LÁPIS?

☐ O PALMO.   ☐ O PASSO.

B) A PROFESSORA MEDIU O LÁPIS ABAIXO USANDO CLIPES. QUANTOS CLIPES ESSE LÁPIS MEDE?

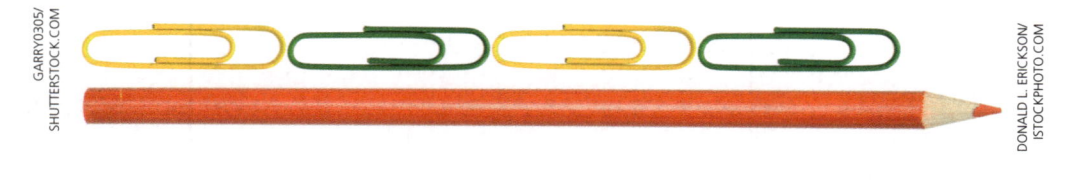

☐ QUATRO CLIPES.

☐ QUATRO CLIPES E UM POUQUINHO.

☐ CINCO CLIPES.

3 OBSERVE SUA SALA DE AULA E FAÇA O QUE SE PEDE.

A) QUAL MEDIDA É MAIOR?

☐ DO FUNDO DA SALA DE AULA ATÉ A PAREDE QUE TEM A LOUSA.

☐ DE UMA PAREDE LATERAL ATÉ A OUTRA.

B) O QUE VOCÊ UTILIZARIA PARA MEDIR ESSES COMPRIMENTOS?

☐ O PALMO.   ☐ O PÉ.   ☐ O PASSO.

C) UTILIZE PASSOS PARA MEDIR AS DISTÂNCIAS DO ITEM **A** E VERIFIQUE SE SUA ESTIMATIVA ESTAVA CORRETA.

4 O PROFESSOR MARCARÁ PONTOS NUMERADOS NO PÁTIO. REÚNA-SE COM DOIS COLEGAS PARA MEDIR A DISTÂNCIA ENTRE ESSES PONTOS. CADA EQUIPE RECEBERÁ UM BARBANTE DO MESMO TAMANHO PARA FAZER AS MEDIÇÕES.

A) PREENCHA O QUADRO A SEGUIR.

DISTÂNCIA

B) COMPARE AS MEDIDAS QUE SEU GRUPO ENCONTROU COM AS DE OUTROS GRUPOS E RESPONDA ORALMENTE:

◆ AS MEDIDAS FORAM AS MESMAS? CONTE AOS COLEGAS.

◆ POR QUAL MOTIVO?

5 MÁRCIA UTILIZOU UMA FITA VERDE PARA OBTER O COMPRIMENTO DA LINHA.

QUE COMPRIMENTO ELA OBTEVE? _____

6 AGORA MÁRCIA UTILIZOU UMA FITA VERMELHA, QUE TEM A METADE DO TAMANHO DA VERDE, PARA OBTER O COMPRIMENTO DA LINHA.

QUE COMPRIMENTO ELA OBTEVE? _____

7 OBSERVE ATENTAMENTE A IMAGEM DA RÉGUA. SE VOCÊ TIVER UMA RÉGUA, UTILIZE-A NESTA ATIVIDADE.

- A RÉGUA É DIVIDIDA EM CENTÍMETROS.

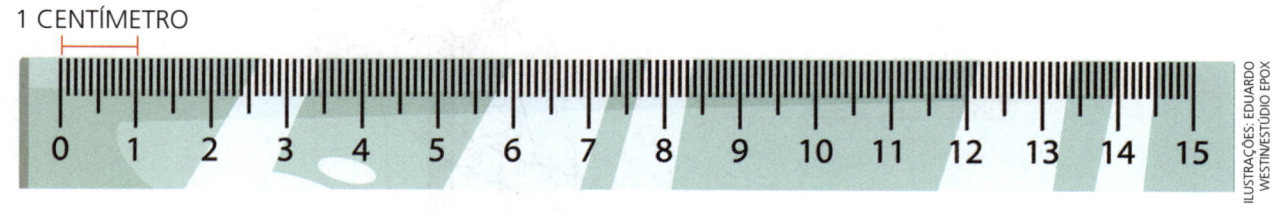

1 CENTÍMETRO

- PARA MEDIR A FITA COLORIDA, POSICIONAMOS O ZERO DA RÉGUA NO COMEÇO DA FITA.

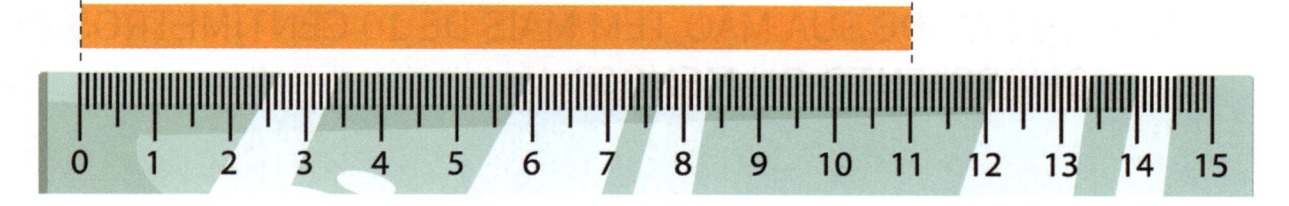

- OBSERVAMOS, ENTÃO, ONDE A OUTRA PONTA DA FITA ESTÁ NA RÉGUA.

O COMPRIMENTO DA FITA É _____ CENTÍMETROS.

8 COMO VOCÊ FARIA PARA DESCOBRIR QUAL É A LINHA MAIS COMPRIDA? CONTE AO PROFESSOR E AOS COLEGAS.

9 COMPLETE A RÉGUA COM OS NÚMEROS.

ESTA RÉGUA TEM 15 CENTÍMETROS DE COMPRIMENTO. A DISTÂNCIA ENTRE DUAS MARCAÇÕES SEGUIDAS É DE 1 cm.

AGORA, RESPONDA ÀS QUESTÕES.

A) O DEDÃO DE SUA MÃO TEM MAIS DE 10 CENTÍMETROS DE COMPRIMENTO OU MENOS?

B) A ALTURA DA PORTA DA SALA DE AULA MEDE MAIS DE 10 CENTÍMETROS OU MENOS?

10 OBSERVE A ILUSTRAÇÃO DE TRÊS LÁPIS COLORIDOS.

A) SEM UTILIZAR A RÉGUA PARA MEDI-LOS, VOCÊ DIRIA QUE O COMPRIMENTO DE CADA UM DOS LÁPIS É:

☐ MENOR QUE 15 cm.   ☐ MAIOR QUE 15 cm.

B) COM UMA RÉGUA, OBTENHA O COMPRIMENTO, EM CENTÍMETROS, DE CADA LÁPIS.

---

11 OBSERVE AS CRIANÇAS CONVERSANDO.

A) COMO VOCÊ PODE DESCOBRIR QUAL DAS CRIANÇAS É A MAIS ALTA? EXPLIQUE PARA UM COLEGA.

B) SE VOCÊ ORGANIZASSE A FILA POR ALTURA, DA CRIANÇA MAIS BAIXA PARA A MAIS ALTA, QUAL SERIA A ORDEM DAS CRIANÇAS?

PESANDO UM GATINHO
MEDIDA DE MASSA

OLHE COMO JOANA PESOU SEU GATINHO!

- EXPLIQUE ORALMENTE COMO JOANA PESOU O GATINHO.
- O INSTRUMENTO QUE USAMOS PARA MEDIR A MASSA DE OBJETOS E PESSOAS É A BALANÇA. MARQUE **X** NA BALANÇA QUE VOCÊ CONHECE.

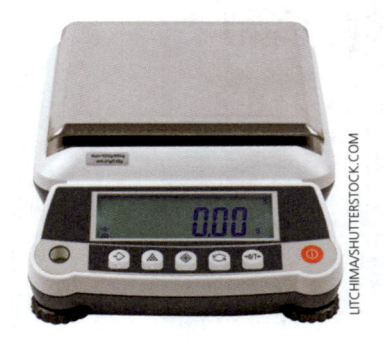

BALANÇA ELETRÔNICA.

BALANÇA MECÂNICA.

- CIRCULE OS ALIMENTOS QUE NORMALMENTE COMPRAMOS DE ACORDO COM A MASSA.

OS ELEMENTOS NÃO ESTÃO REPRESENTADOS EM PROPORÇÃO.

PARA MEDIR A MASSA DOS ALIMENTOS, DOS OBJETOS OU MESMO DAS PESSOAS, UTILIZAMOS PRINCIPALMENTE AS UNIDADES GRAMA E QUILOGRAMA.

SE NA EMBALAGEM DO PRODUTO ESTIVER MARCADO 1 kg, A MASSA DELE É UM QUILOGRAMA.

1 MARQUE COM **X** A INFORMAÇÃO A RESPEITO DE CADA ITEM.

A) O CACHORRO PESA:

☐ 1 kg.

☐ MENOS DE 1 kg.

☐ MAIS DE 1 kg.

B) O LÁPIS PESA:

☐ 1 kg.

☐ MENOS DE 1 kg.

☐ MAIS DE 1 kg.

OS ELEMENTOS NÃO ESTÃO REPRESENTADOS EM PROPORÇÃO.

2 MARQUE COM **X** OS ANIMAIS QUE SÃO MAIS PESADOS DO QUE UM GATO.

OS ELEMENTOS NÃO ESTÃO REPRESENTADOS EM PROPORÇÃO.

3 OBSERVE ATENTAMENTE A MASSA DE LUAN NA BALANÇA.

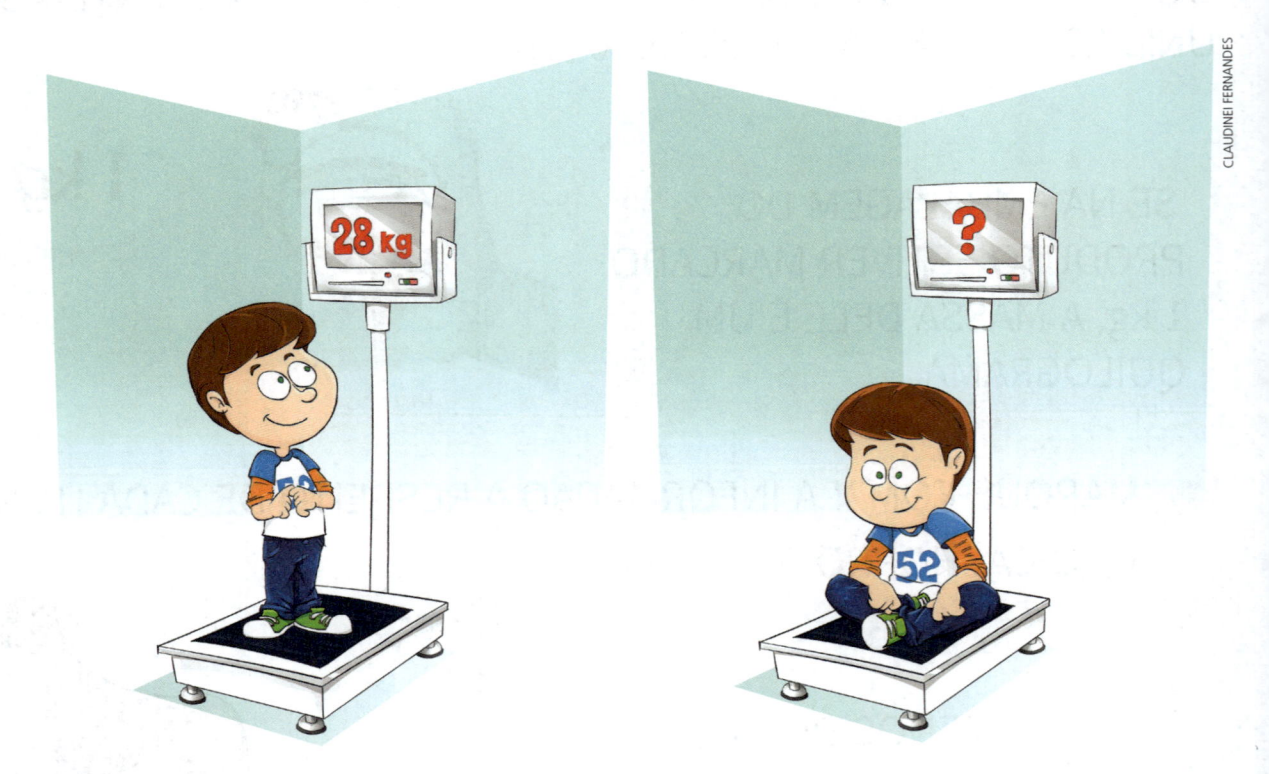

QUE MASSA APARECERÁ NA BALANÇA DA IMAGEM EM QUE ELE ESTÁ SENTADO? _____ kg

4 AGORA OBSERVE AS DUAS PESAGENS QUE O FEIRANTE FEZ.

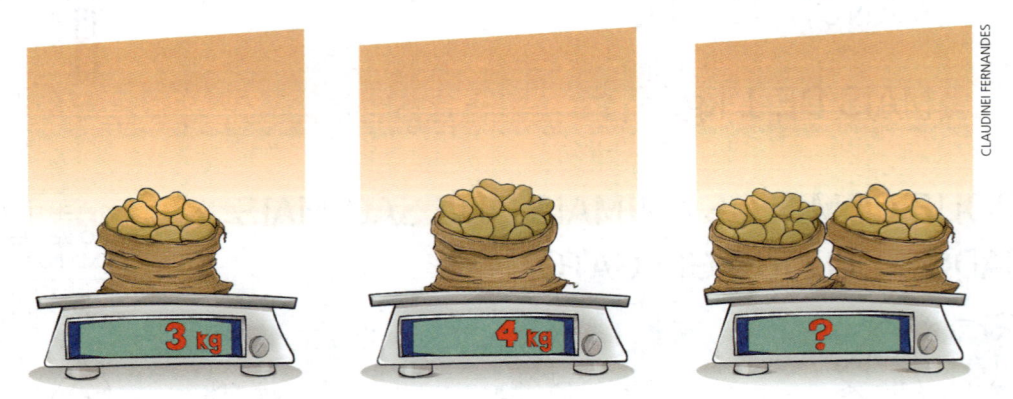

JUNTANDO OS DOIS PACOTES DE BATATAS, QUE MASSA A BALANÇA VAI INDICAR? _____ kg

5 QUAL É A BOLA MAIS LEVE?

☐ BALÃO.

☐ BOLA DE TÊNIS.

6 OBSERVE AS BALANÇAS EM EQUILÍBRIO A SEGUIR.

NA BALANÇA ABAIXO, COMPLETE O PRATO DO LADO ESQUERDO COM FRUTAS IGUAIS ÀS QUE JÁ ESTÃO DESENHADAS PARA QUE AS BALANÇAS FIQUEM EM EQUILÍBRIO.

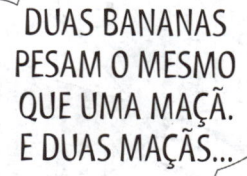

DUAS BANANAS PESAM O MESMO QUE UMA MAÇÃ. E DUAS MAÇÃS...

7 OBSERVE O DESENHO FEITO POR UM ARTISTA. ENCONTRE UM ERRO NELE E CONTE AOS COLEGAS.

É PRECISO TOMAR ÁGUA
MEDIDA DE CAPACIDADE

BIA E NANDO TOMAM UM COPO CHEIO DE ÁGUA!

COM CANUDINHO, EU TOMO MAIS ÁGUA QUE BIA!

BEBO MAIS RÁPIDO DO QUE NANDO!

- QUAL DELES VOCÊ ACHA QUE TOMOU MAIS ÁGUA?

_____

- AS DUAS JARRAS SÃO IGUAIS. PINTE SUCO DE UVA NA JARRA DA DIREITA DE MODO QUE ELA FIQUE COM MAIS SUCO DO QUE A DA ESQUERDA.

SUCO DE LARANJA.   SUCO DE UVA.

A QUANTIDADE DE LÍQUIDO QUE CABE EM UM RECIPIENTE CORRESPONDE À MEDIDA DE SUA CAPACIDADE.

- MARQUE COM **X** A PANELA QUE TEM MAIOR CAPACIDADE.

1 VAMOS UTILIZAR COPOS PARA MEDIR A CAPACIDADE DE UMA JARRA.

- A JARRA ESTÁ CHEIA DE ÁGUA.

- ENCHEMOS OS COPOS ATÉ A JARRA FICAR VAZIA.

DIZEMOS QUE NA JARRA CABEM _____ COPOS DE ÁGUA.

2 MARQUE COM **X** O QUE É VENDIDO EM MEDIDAS DE CAPACIDADE.

OS ELEMENTOS NÃO ESTÃO REPRESENTADOS EM PROPORÇÃO.

☐ ☐ ☐ ☐ ☐

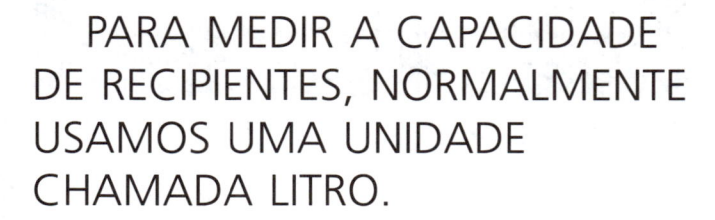

PARA MEDIR A CAPACIDADE DE RECIPIENTES, NORMALMENTE USAMOS UMA UNIDADE CHAMADA LITRO.

NAS EMBALAGENS DOS PRODUTOS ESTÁ INDICADO 1 L OU 1 LITRO.

3 PENSE E MARQUE A RESPOSTA COM **X**.

OS ELEMENTOS NÃO ESTÃO REPRESENTADOS EM PROPORÇÃO.

A) O QUE ACONTECE EM UMA CAIXA-D'ÁGUA VAZIA QUANDO DESPEJAMOS 1 LITRO DE ÁGUA NELA?

☐ TRANSBORDA.

☐ NÃO TRANSBORDA.

B) E O QUE ACONTECE EM UMA XÍCARA VAZIA, DAQUELAS QUE USAMOS PARA TOMAR CAFÉ, QUANDO DESPEJAMOS 1 LITRO DE ÁGUA NELA?

☐ TRANSBORDA.   ☐ NÃO TRANSBORDA.

MATEMÁTICA EM AÇÃO

UTILIZAMOS UNIDADES DE MEDIDAS EM DIVERSAS SITUAÇÕES DE NOSSA VIDA.

CONSTRUÇÃO DE UMA CASA

É PRECISO MEDIR O TAMANHO DAS PAREDES E O ESPAÇO QUE SERÁ DEIXADO PARA A COLOCAÇÃO DE UMA JANELA, UMA PORTA ETC.

- QUAL É A MEDIDA DA ALTURA DA PORTA DE SUA SALA DE AULA?

  ☐ 1 METRO   ☐ MENOS DE 1 METRO   ☐ MAIS DE 1 METRO

TEMPO PARA REALIZAR ATIVIDADES

EM VÁRIAS PROFISSÕES HÁ UM HORÁRIO PARA COMEÇAR O TRABALHO E TAMBÉM PARA TERMINAR.

PARA CONSULTAR UM MÉDICO, MARCAMOS O DIA E A HORA.

TAMBÉM HÁ UM TEMPO DEFINIDO PARA BRINCAR, ESTUDAR E DORMIR.

- QUANTAS HORAS VOCÊ FICA NA ESCOLA NO DIA EM QUE HÁ AULAS?

  ☐ APENAS 2 HORAS.   ☐ MENOS DE 2 HORAS.   ☐ MAIS DE 2 HORAS.

FAZENDO UM BOLO

QUANDO ALGUÉM DE NOSSA FAMÍLIA FAZ UM BOLO, TAMBÉM UTILIZA MEDIDAS.

- DESENHE UM INSTRUMENTO QUE É UTILIZADO PARA MEDIR OS INGREDIENTES DE UM BOLO.

- SE EM UM BOLO PARA 5 PESSOAS SÃO UTILIZADOS 2 OVOS, QUANTOS OVOS SERÃO UTILIZADOS EM UM BOLO PARA 10 PESSOAS? DESENHE PARA RESPONDER.

REVENDO O QUE APRENDI

1 O PONTEIRO GRANDE MARCA OS MINUTOS, E O PEQUENO MARCA AS HORAS. LIGUE CADA RELÓGIO DIGITAL AO DE PONTEIROS QUE MARCA A MESMA HORA.

A) 5:00

B) 8:00

C) 7:00

D) 2:00

E) 9:00

F) 3:00

2 COMPLETE OS NÚMEROS QUE ESTÃO FALTANDO NA RÉGUA.

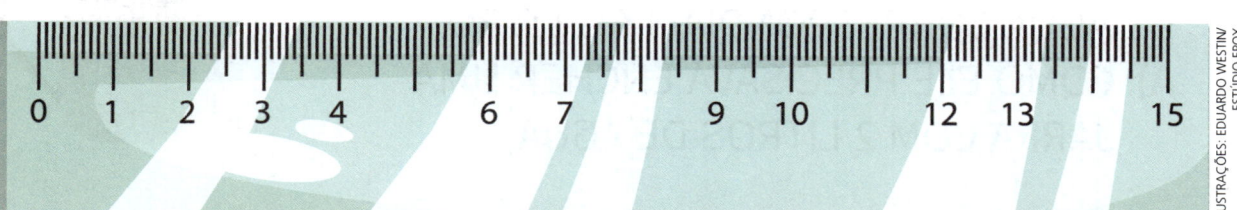

0 1 2 3 4 _ 6 7 _ 9 10 _ 12 13 _ 15

◆ POSICIONE SUA MÃO EM CIMA DA RÉGUA PARA DESCOBRIR A MEDIDA DE SEU PALMO EM CENTÍMETROS:

_____ CENTÍMETROS.

3 MARQUE COM **X** O QUE É MAIS PESADO DO QUE 1 QUILOGRAMA.

OS ELEMENTOS NÃO ESTÃO REPRESENTADOS EM PROPORÇÃO.

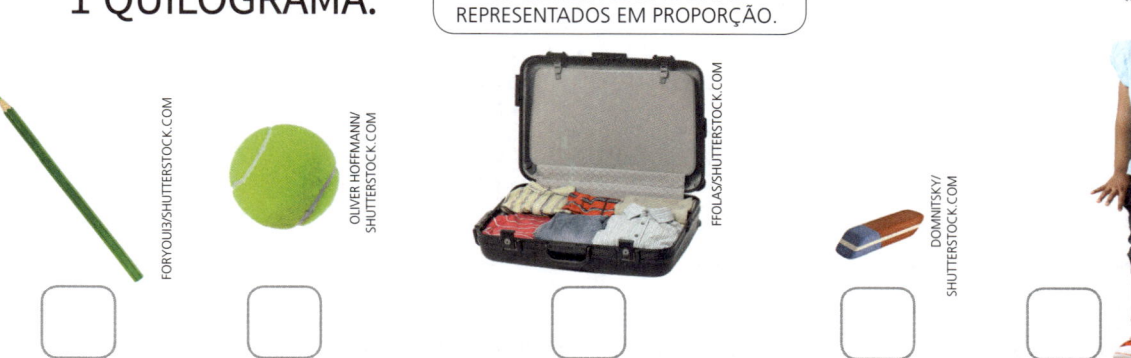

4 LEIA O QUE ANINHA ESCREVEU. DEPOIS RESPONDA ÀS QUESTÕES.

- PELA MANHÃ, TOMEI 3 COPOS DE ÁGUA.
- NO ALMOÇO, MAIS 1 COPO DE ÁGUA.
- À TARDE, TOMEI OUTROS 2 COPOS DE ÁGUA.
- ANTES DE DORMIR, BEBI MAIS 1 COPO.

A) QUANTOS COPOS DE ÁGUA ANINHA TOMOU NESSE DIA?

_____

B) ANINHA TOMOU MAIS ÁGUA DE MANHÃ OU DE TARDE?

_____

5 PEDRO OBSERVOU QUE 4 XÍCARAS CHEIAS DE ÁGUA CORRESPONDIAM A 1 LITRO.

A) COMO ELE PRECISAVA ENCHER UMA JARRA COM 2 LITROS DE ÁGUA,

UTILIZOU _____ XÍCARAS CHEIAS.

B) FAÇA UM DESENHO PARA REPRESENTAR O NÚMERO DE XÍCARAS DA RESPOSTA.

6 QUAL DAS DUAS LINHAS COLORIDAS É MAIS COMPRIDA: A VERDE OU A VERMELHA? EXPLIQUE AOS COLEGAS.

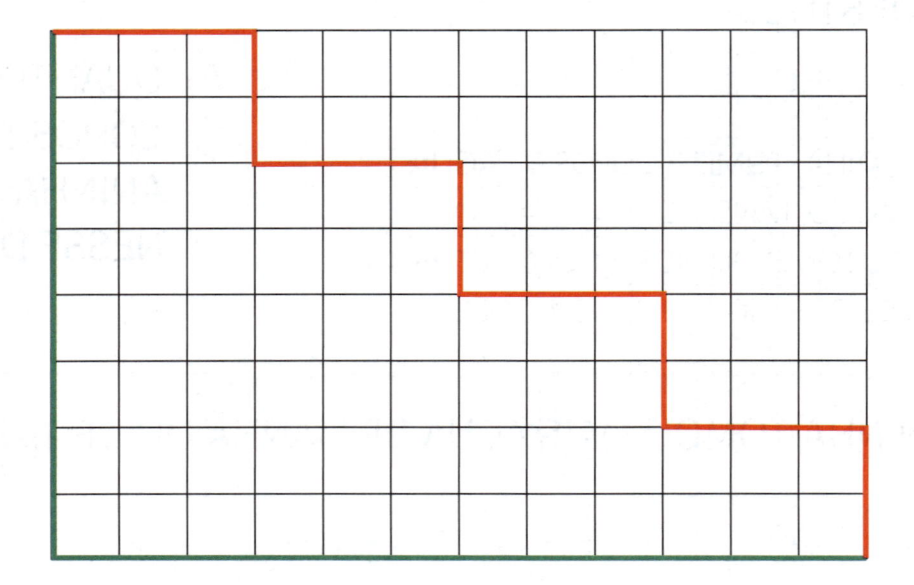

DESAFIO

1 RETORNE AO DESAFIO DO INÍCIO DA UNIDADE. EXPLIQUE ORALMENTE COMO O RESOLVEU. DEPOIS OBSERVE O SEGUINTE CALENDÁRIO:

DOM	SEG	TER	QUA	QUI	SEX	SÁB
	1	2	3	4	5	6
7	8	9	10	11	12	13
14	15	16	17	18	19	20
21	22	23	24	25	26	27
28						

NESSE CALENDÁRIO HÁ UMA CURIOSIDADE QUE ENVOLVE DIAS DA SEMANA E DIAS DO MÊS. O DESAFIO É DESCOBRIR A QUE MÊS CORRESPONDE ESSE CALENDÁRIO E QUAL É A CURIOSIDADE.

PISTA: OLHE UM CALENDÁRIO E VERIFIQUE QUANTOS DOMINGOS E QUANTOS SÁBADOS HÁ EM CADA MÊS. DEPOIS RETOME O DESAFIO.

PARA IR MAIS LONGE

LIVROS

▶ **IRMÃOS GÊMEOS**, DE YOUNG SO YOO. SÃO PAULO: EDITORA CALLIS, 2009 (COLEÇÃO TAN TAN).

DOIS IRMÃOS MUITO TEIMOSOS DISPUTAM TUDO. APESAR DISSO, ELES NÃO DISCUTEM O TEMPO TODO, POIS TAMBÉM SE PREOCUPAM UM COM O OUTRO. NESSA HISTÓRIA, ELES VÃO COMPARANDO QUANTIDADES.

UNIDADE 7
NOÇÕES DE GEOMETRIA

O PROFESSOR DESAFIOU AS DUPLAS DE ALUNOS A FAZER PILHAS DE BLOCOS. (CONFORME A PÁGINA ANTERIOR.)

▶ DESCUBRA QUANTOS BLOCOS SÃO NECESSÁRIOS PARA MONTAR A PILHA DA PRÓXIMA FIGURA.

ORGANIZANDO OBJETOS NA SALA DE AULA

SUA SALA DE AULA É ORGANIZADA?

OBSERVE OS OBJETOS DE SUA SALA DE AULA. SEPARE ALGUNS DELES E DESCUBRA QUAIS PODEM ROLAR. DESENHE UM OBJETO QUE ROLA NO QUADRO A SEGUIR.

AGORA OBSERVE O EMARANHADO DE LINHAS. ENCONTRE OS DESENHOS DE OBJETOS QUE ROLAM E PINTE-OS DE AZUL. ENCONTRE OS DESENHOS DE OBJETOS QUE NÃO ROLAM E PINTE-OS DE AMARELO.

CONSTRUINDO BONECOS
FIGURAS GEOMÉTRICAS NÃO PLANAS

UTILIZANDO ALGUMAS CAIXAS DE PAPELÃO, UMA TURMA RESOLVEU, COM A AJUDA DO PROFESSOR, FAZER UM BONECO.

- QUANTAS CAIXAS FORAM UTILIZADAS? _____
- OBSERVE A CABEÇA DO BONECO. QUAL DESENHO ABAIXO TEM A **FORMA** PARECIDA COM A DELA? MARQUE COM **X**.

OUTRA TURMA UTILIZOU APENAS BOLAS PARA FAZER UM BONECO. VEJA ABAIXO COMO ELE FICOU. DESENHE OS DOIS OLHOS E A BOCA E PINTE O NARIZ DELE DE **VERMELHO**.

◆ DEPOIS, NO QUADRO, DESENHE UM OBJETO QUE TENHA A MESMA FORMA DA BARRIGA DO BONECO.

1 PINTE DE **AMARELO** A FIGURA GEOMÉTRICA QUE TEM A FORMA PARECIDA COM A DE UMA CAIXA DE SAPATOS E, DE **AZUL**, A QUE TEM A FORMA PARECIDA COM A DE UM CARRETEL.

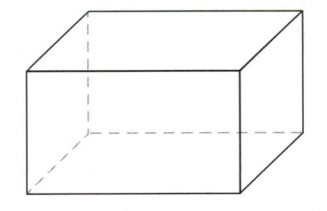

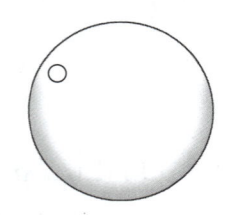

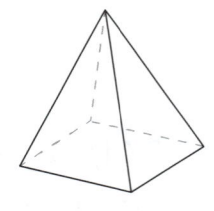

2 RECORTE DA PÁGINA 247, NA SEÇÃO **ENCARTES**, TODAS AS IMAGENS DE OBJETOS QUE TÊM FORMA PARECIDA COM A DE UMA PILHA E COLE-AS NO QUADRO A SEGUIR.

3 RECORTE DA PÁGINA 249, NA SEÇÃO **ENCARTES**, TODAS AS IMAGENS DE OBJETOS QUE TÊM FORMA PARECIDA COM A DE UMA CAIXA DE PAPELÃO E COLE-AS NO QUADRO A SEGUIR.

4 LIGUE OS OBJETOS QUE TÊM FORMA PARECIDA.

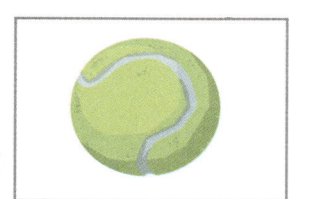

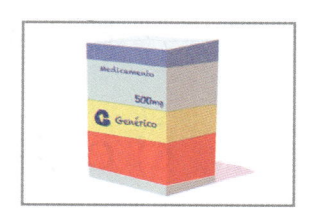

OS ELEMENTOS NÃO ESTÃO REPRESENTADOS EM PROPORÇÃO.

#DIGITAL

VOCÊ APRENDEU A USAR O COMPUTADOR PARA FAZER E COLORIR DIFERENTES FORMAS GEOMÉTRICAS. JÁ SABE TAMBÉM IDENTIFICAR FORMAS DE DIVERSAS ALTURAS E LARGURAS. AGORA VAMOS CONSTRUIR SITUAÇÕES E PERSONAGENS USANDO FIGURAS GEOMÉTRICAS?

1 COM O *MOUSE*, CLIQUE NA FERRAMENTA ELIPSE. EM SEGUIDA, NO ESPAÇO EM BRANCO, APERTE O BOTÃO DO *MOUSE*, ARRASTE E SOLTE PARA FAZER TRÊS CÍRCULOS DE TAMANHOS DIFERENTES.

DEPOIS, USE A FERRAMENTA RETÂNGULO PARA FAZER DOIS RETÂNGULOS, UM GRANDE, ENVOLVENDO DOIS CÍRCULOS, E UM PEQUENO.

SEU DESENHO DEVE FICAR COMO O REPRESENTADO A SEGUIR.

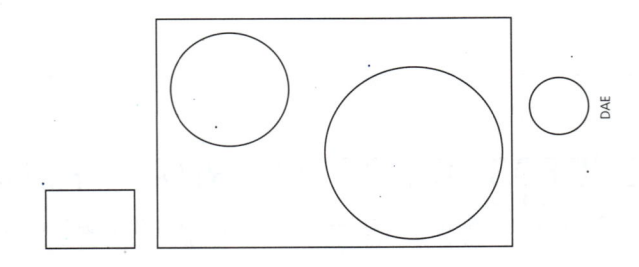

A) DOIS CÍRCULOS ESTÃO _____ DO RETÂNGULO MAIOR.

B) _____ DO RETÂNGULO MAIOR HÁ UM RETÂNGULO E UM CÍRCULO PEQUENOS.

C) O CÍRCULO MENOR ESTÁ À _____.

D) O RETÂNGULO MENOR ESTÁ À _____.

E) COM A FERRAMENTA BALDE DE TINTA, PINTE O CÍRCULO MAIOR DE **VERMELHO**.

2 AGORA, USE AS FERRAMENTAS QUE VOCÊ JÁ CONHECE PARA ILUSTRAR A SITUAÇÃO A SEGUIR.

> ERA UM LINDO DIA DE SOL E RAFAEL ESTAVA AO LADO DE RITA, SUA IRMÃ MENOR.
>
> RITA SEGURAVA UMA CAIXA NA MÃO.
>
> DENTRO DA CAIXA HAVIA DUAS BOLAS: UMA VERDE PEQUENA E UMA GRANDE AZUL.

SE O DESENHO NÃO SAIR DO JEITO QUE VOCÊ QUER, USE A 🧽 PARA APAGAR O QUE NÃO GOSTOU.

ILUSTRAÇÕES: LUANA COSTA

A) DEPOIS DE PINTAR AS DUAS BOLAS, USE OUTRAS CORES PARA TERMINAR DE COLORIR O DESENHO.

B) USE O PINCEL PARA ESCREVER O NOME DE RAFAEL E DE SUA IRMÃ RITA.

QUAL É O NOME?
ESFERA, CUBO, CONE, CILINDRO E BLOCO RETANGULAR

OBSERVE OS MOLDES DE SÓLIDOS GEOMÉTRICOS QUE A PROFESSORA LEVOU PARA A SALA DE AULA. CADA UM TEM UMA FORMA DIFERENTE.

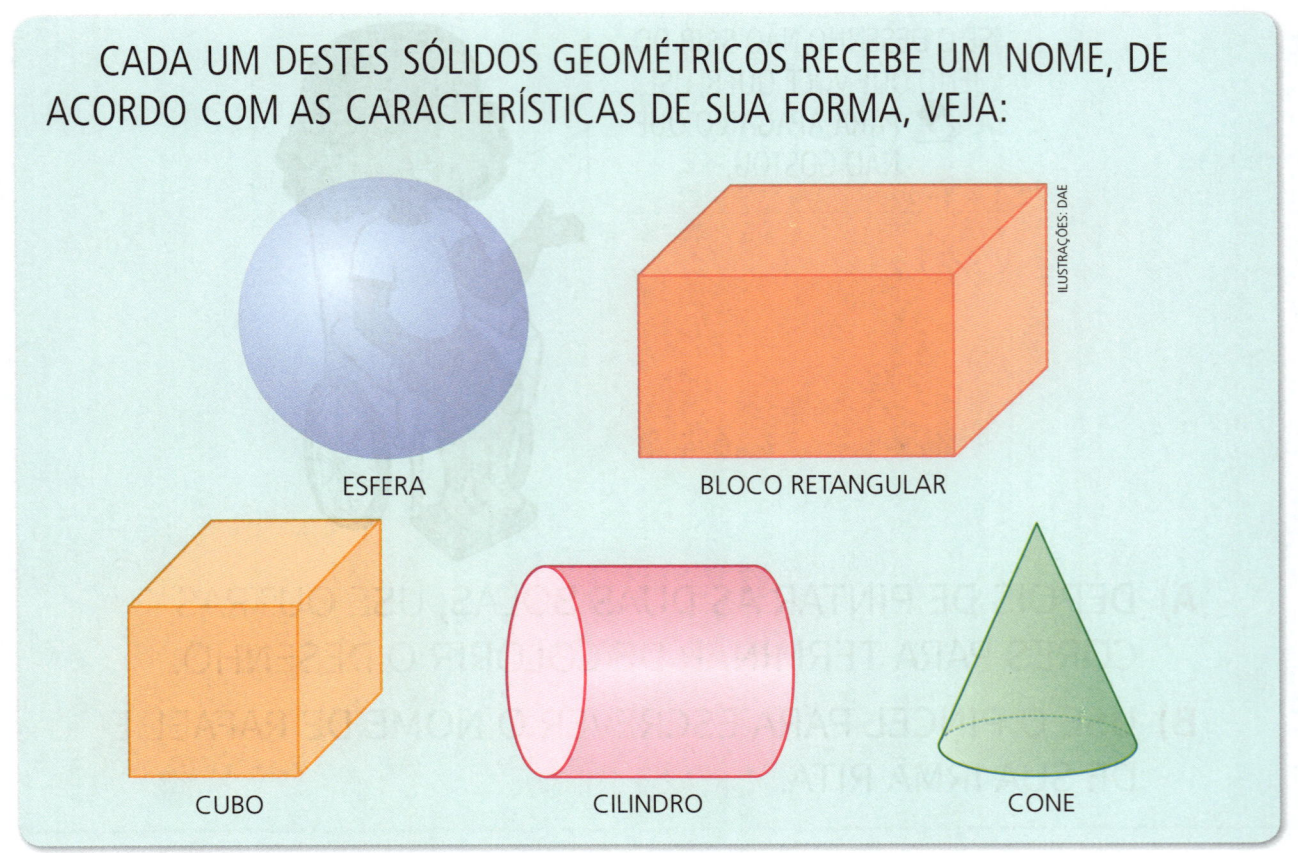

CADA UM DESTES SÓLIDOS GEOMÉTRICOS RECEBE UM NOME, DE ACORDO COM AS CARACTERÍSTICAS DE SUA FORMA, VEJA:

ESFERA

BLOCO RETANGULAR

CUBO

CILINDRO

CONE

1 RECORTE AS IMAGENS DA PÁGINA 251, NA SEÇÃO **ENCARTES**, E COLE-AS NO QUADRO CORRESPONDENTE.

FORMA DE ESFERA

FORMA DE BLOCO RETANGULAR

FORMA DE CILINDRO

FORMA DE CUBO

FORMA DE CONE

2 RAFAEL MONTOU UM BONECO COM FIGURAS GEOMÉTRICAS NÃO PLANAS. SIGA O CÓDIGO DE CORES PARA PINTÁ-LO.

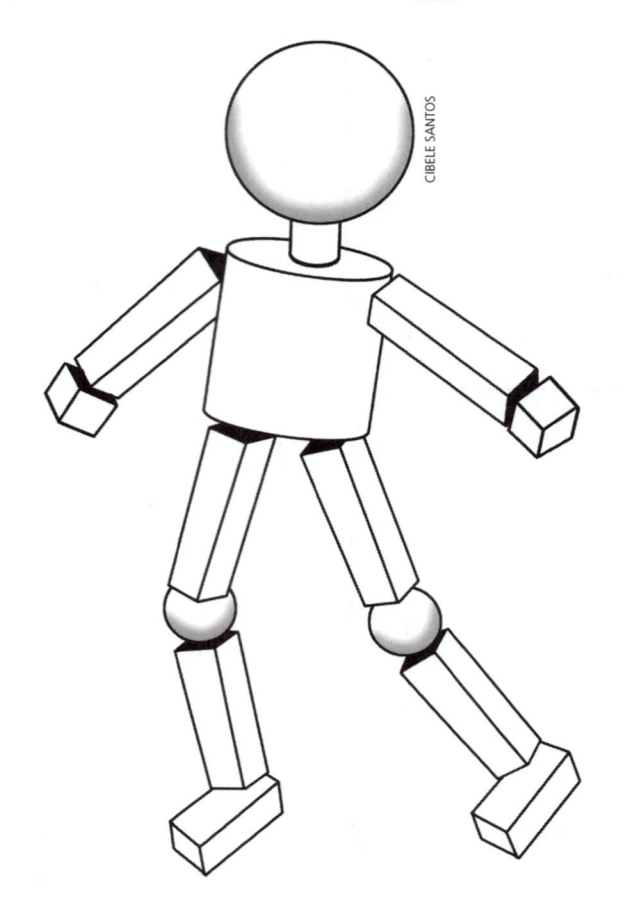

■ ESFERA   ■ CUBO
■ BLOCO RETANGULAR   ■ CILINDRO

◆ AGORA COMPLETE O QUADRO COM A QUANTIDADE DE FIGURAS GEOMÉTRICAS NÃO PLANAS QUE APARECEM NO BONECO.

FIGURA GEOMÉTRICA	QUANTIDADE
CUBO	
ESFERA	
BLOCO RETANGULAR	
CILINDRO	

3 AO CHEGAR EM CASA, ROBERTA SE DEPAROU COM O CHAPÉU QUE SUA MÃE HAVIA ACABADO DE COMPRAR.
TODA FELIZ, COMENTOU COM A MÃE QUE TINHA ESTUDADO NAQUELE DIA UMA FIGURA GEOMÉTRICA QUE LEMBRAVA A FORMA DO CHAPÉU. A QUE FIGURA GEOMÉTRICA ROBERTA SE REFERIA?

_____

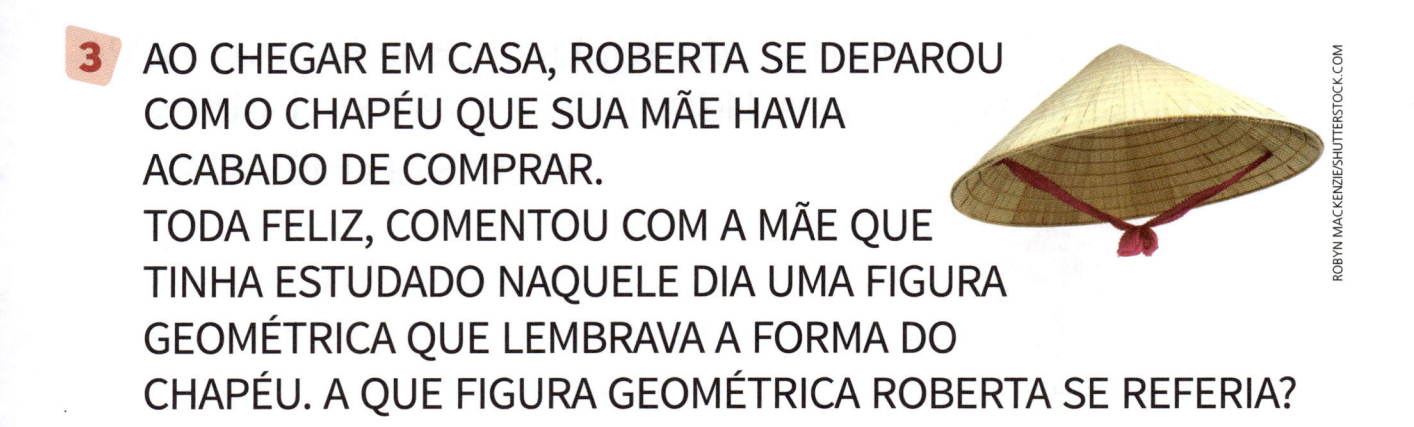

4 PESQUISE UM OBJETO OU CONSTRUÇÃO QUE TENHA A FORMA PARECIDA COM A DE UM CONE E COLE-O NO QUADRO ABAIXO.

5 CADA OBJETO DA COLUNA DA ESQUERDA LEMBRA UMA FIGURA GEOMÉTRICA NÃO PLANA. LIGUE O OBJETO A ESSA FIGURA.

OBJETOS   FIGURAS GEOMÉTRICAS

OS ELEMENTOS NÃO ESTÃO REPRESENTADOS EM PROPORÇÃO.

A)  ▶ dado

▶ esfera

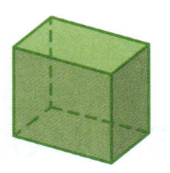

B)  ▶ novelo

▶ bloco retangular

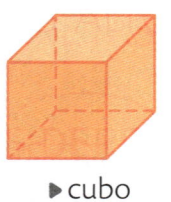

C)  ▶ vela

▶ cubo

D) ▶ caixa de fósforos

▶ cone

E)  ▶ caixa de presente

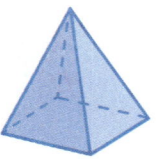

▶ pirâmide

F) ▶ sorvete

▶ cilindro

DESENHANDO CONTORNOS
FIGURAS GEOMÉTRICAS PLANAS

VOCÊ JÁ DESENHOU O CONTORNO DE SUA MÃO?

É FÁCIL: BASTA COLOCAR A MÃO EM CIMA DE UMA FOLHA DE PAPEL, ABRIR BEM OS DEDOS E USAR A OUTRA MÃO PARA CONTORNÁ-LA. OBSERVE A FOTOGRAFIA.

- AGORA É SUA VEZ! SIGA AS INSTRUÇÕES DO PROFESSOR E DESENHE O CONTORNO DE SUA MÃO NO QUADRO A SEGUIR.

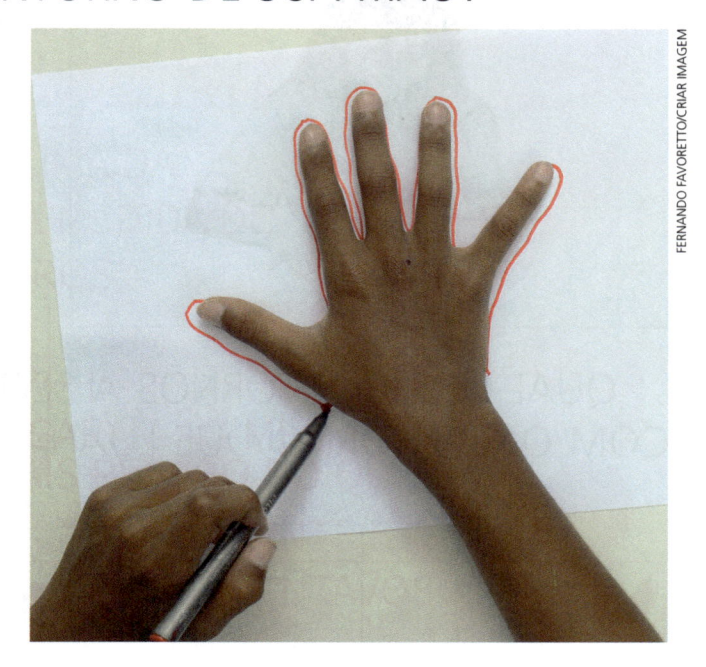

LUANA FEZ O CONTORNO DE UMA LATA EM UMA FOLHA DE PAPEL.

QUAL DOS CONTORNOS A SEGUIR TEM A FORMA PARECIDA COM O CONTORNO QUE LUANA FEZ? ENCONTRE-O E PINTE-O.

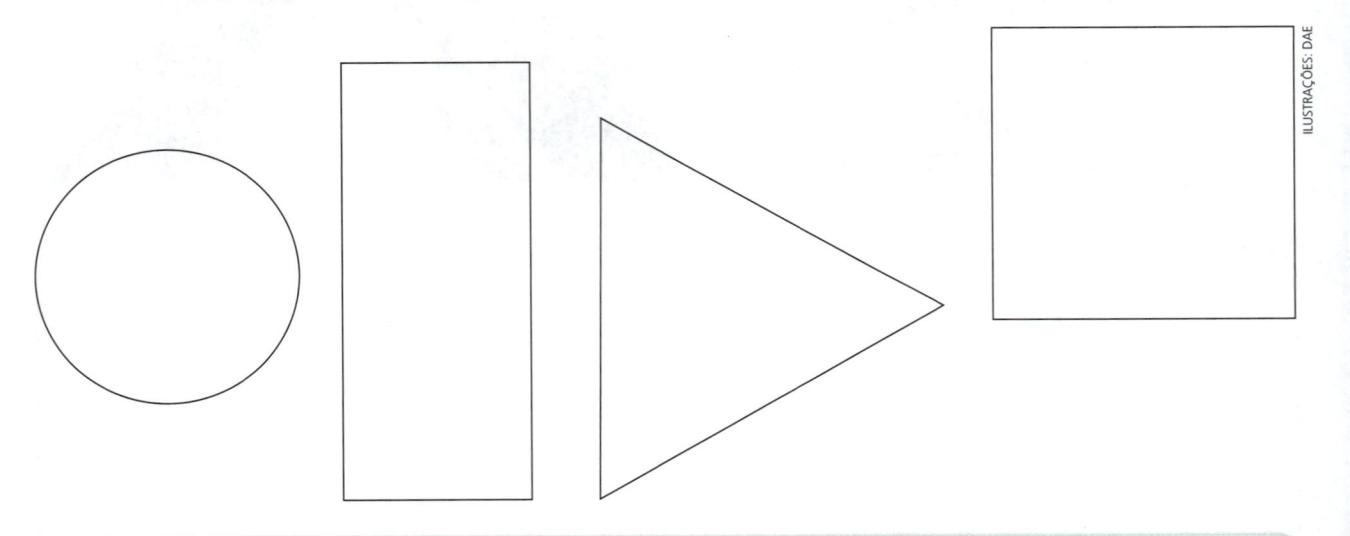

ALÉM DAS FIGURAS GEOMÉTRICAS ESPACIAIS, HÁ TAMBÉM AS **FIGURAS GEOMÉTRICAS PLANAS**.

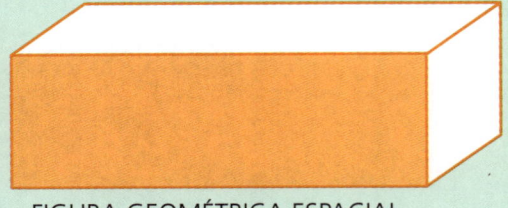

FIGURA GEOMÉTRICA ESPACIAL

FIGURA GEOMÉTRICA PLANA

A PARTE COLORIDA DO BLOCO RETANGULAR É UM EXEMPLO DE FIGURA GEOMÉTRICA PLANA.

1 RECORTE AS FIGURAS GEOMÉTRICAS PLANAS DA PÁGINA 251, NA SEÇÃO **ENCARTES**, E COLE CADA UMA NA FIGURA GEOMÉTRICA NÃO PLANA CORRESPONDENTE A ELA.

2 PINTE SOMENTE OS ESPAÇOS QUE TÊM PONTINHOS E ESCREVA A QUANTIDADE DE FIGURAS GEOMÉTRICAS PLANAS.

CENTO E NOVENTA E UM 191

MAIS FORMAS E MAIS NOMES
CÍRCULO, QUADRADO, RETÂNGULO E TRIÂNGULO

RECORTE AS PEÇAS DA PÁGINA 253, NA SEÇÃO **ENCARTES**, E COLE-AS NO QUEBRA-CABEÇA PARA FORMAR UM SÍMBOLO NACIONAL.

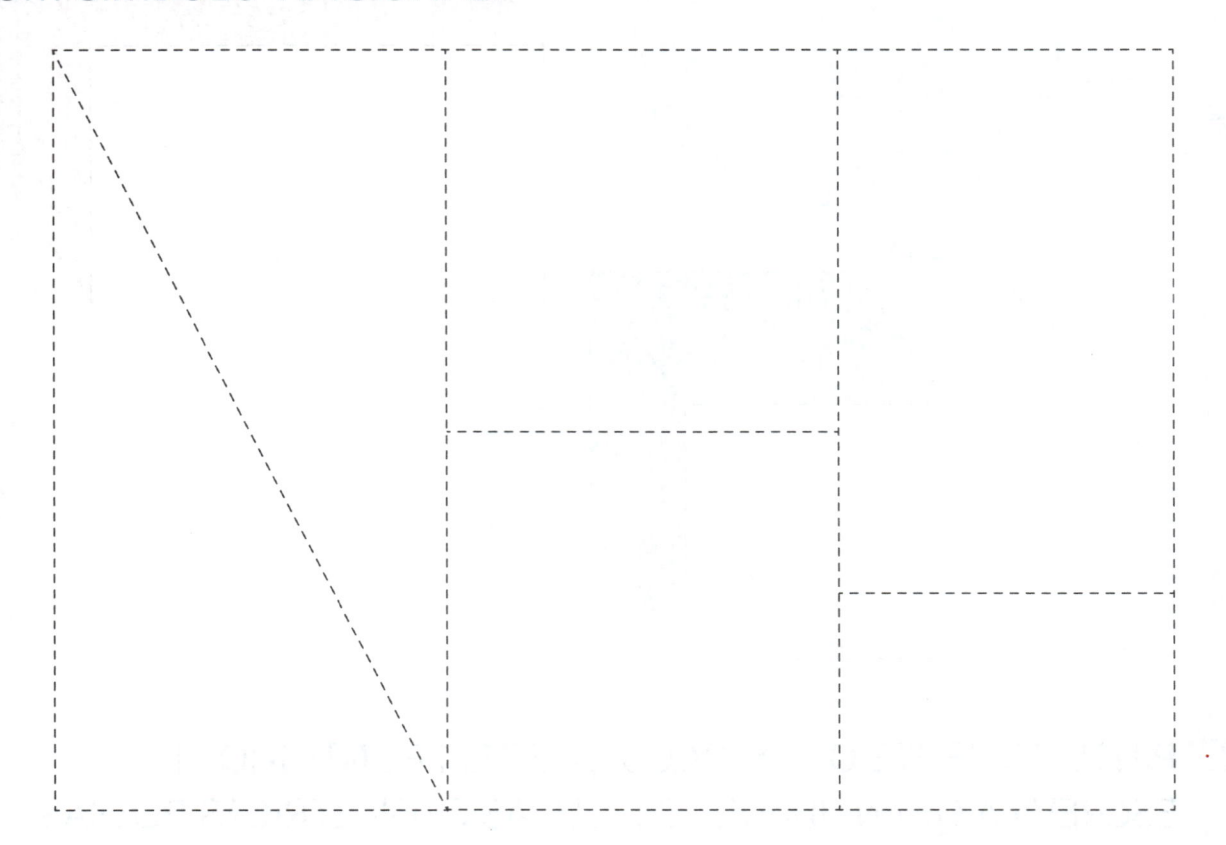

- QUAL É O SÍMBOLO NACIONAL QUE VOCÊ FORMOU?

_____

- VOCÊ RECORTOU E COLOU PEÇAS COM FORMAS DIFERENTES. QUE FIGURAS PLANAS UTILIZOU? DESENHE ESSAS FIGURAS A SEGUIR.

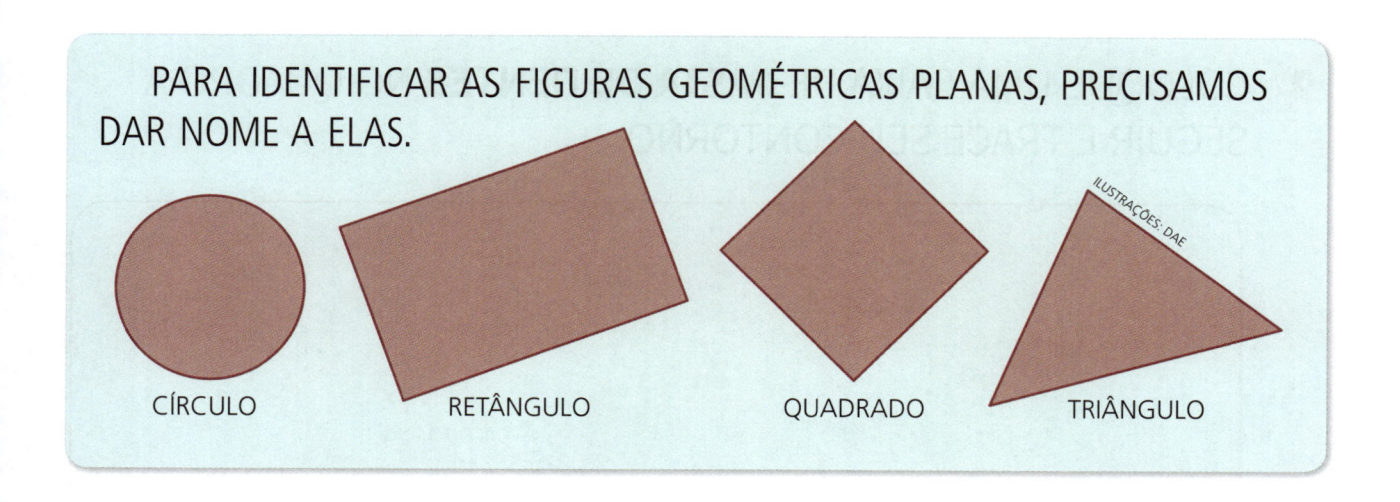

PARA IDENTIFICAR AS FIGURAS GEOMÉTRICAS PLANAS, PRECISAMOS DAR NOME A ELAS.

CÍRCULO   RETÂNGULO   QUADRADO   TRIÂNGULO

1 RECORTE AS IMAGENS DA PÁGINA 255, NA SEÇÃO **ENCARTES**, E COLE-AS DE ACORDO COM A FORMA DOS OBJETOS RETRATADOS.

FORMA DE RETÂNGULO

FORMA DE TRIÂNGULO

FORMA DE CÍRCULO

FORMA DE QUADRADO

2 COLOQUE UMA CAIXA DE **PASTA DE DENTES** NO QUADRO A SEGUIR E TRACE SEU CONTORNO.

- QUE FIGURA GEOMÉTRICA VOCÊ OBTEVE AO CONTORNAR A CAIXA?

_____

3 PINTE O TRENZINHO DE ACORDO COM O CÓDIGO DE CORES DAS FIGURAS GEOMÉTRICAS PLANAS.

4 A FAIXA FOI FEITA COM FIGURAS GEOMÉTRICAS. CONTINUE PINTANDO.

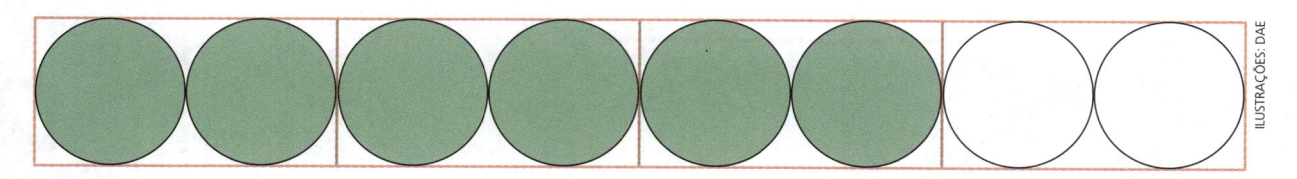

A) QUANTOS RETÂNGULOS APARECEM NA FAIXA?

_____

B) E QUANTOS SÃO OS CÍRCULOS? _____

5 A FAIXA A SEGUIR É FORMADA APENAS POR QUADRADOS E RETÂNGULOS. ESCOLHA CORES PARA PINTÁ-LA.

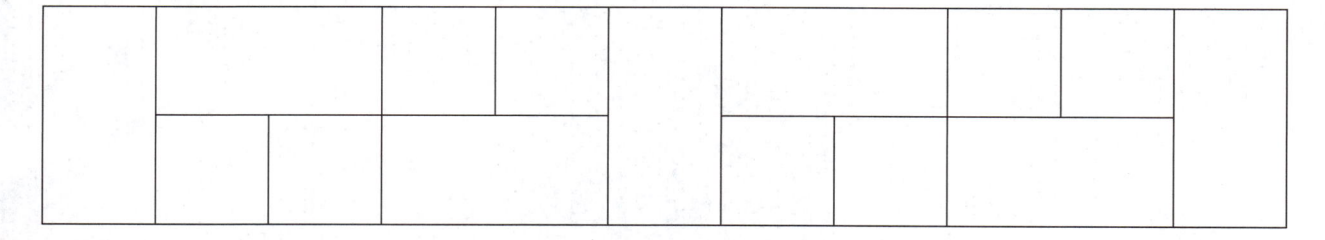

A) VOCÊ COLORIU QUANTOS QUADRADOS? _____

B) E QUANTOS SÃO OS RETÂNGULOS? _____

6 DESCUBRA QUAL É O PADRÃO E PINTE A FIGURA **D**.

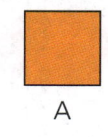

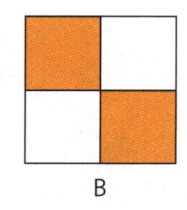

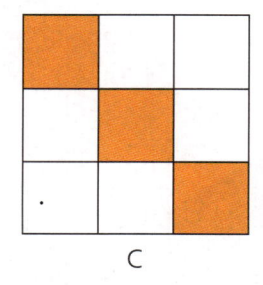

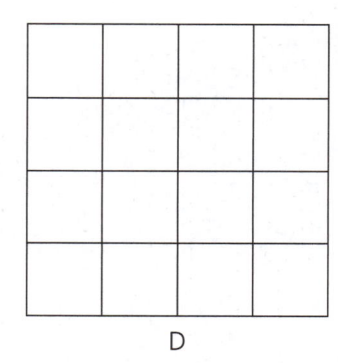

A

B

C

D

CENTO E NOVENTA E CINCO

COMO EU VEJO O TRÂNSITO

OBSERVE O MOVIMENTO DOS CARROS EM FRENTE À SUA ESCOLA. AS PESSOAS DEVEM ATRAVESSAR A RUA NA FAIXA PINTADA DE BRANCO.

PARE

ATENÇÃO

SIGA

OBSERVE O SEMÁFORO OU SINAL DE TRÂNSITO. ELE AUXILIA A ORGANIZAR O MOVIMENTO DOS CARROS E DAS PESSOAS.

196 CENTO E NOVENTA E SEIS

1. VOCÊ CONHECE ALGUM PROFISSIONAL QUE AJUDA A ORIENTAR O TRÂNSITO?

2. LOCALIZE O SEMÁFORO QUE NÃO ESTÁ COLORIDO E PINTE-O DE ACORDO COM AS CORES DO SEMÁFORO QUE ESTÁ COLORIDO.

3. OBSERVE A IMAGEM E MARQUE COM **X** O QUE ESTÁ ERRADO.

CENTO E NOVENTA E SETE 197

COMO EU TRANSFORMO
A SINALIZAÇÃO NA ESCOLA

ARTE • GEOGRAFIA • CIÊNCIAS • LÍNGUA PORTUGUESA

O QUE VAMOS FAZER?

PLACAS INDICATIVAS.

COM QUEM FAZER?

COM OS COLEGAS E O PROFESSOR.

PARA QUE FAZER?

PARA FACILITAR A LOCALIZAÇÃO DOS ESPAÇOS ESCOLARES E EVITAR ACIDENTES.

COMO FAZER?

1. VOCÊ JÁ VIU ALGUMA DESTAS PLACAS? SABE O QUE COMUNICAM? POR QUE ELAS SÃO IMPORTANTES?

2. EXISTE ALGUM LOCAL DE SUA ESCOLA QUE OFEREÇA RISCO DE ACIDENTE? OS LOCAIS SÃO BEM IDENTIFICADOS?

3. AJUDE O PROFESSOR A FAZER E AFIXAR, NOS LUGARES ADEQUADOS, PLACAS QUE ALERTEM AS PESSOAS SOBRE OS LOCAIS DE RISCO E, TAMBÉM, QUE INDIQUEM OS LOCAIS IMPORTANTES DA ESCOLA.

4. COMO PEDESTRE, VOCÊ RESPEITA AS REGRAS DE TRÂNSITO? SEMPRE ATRAVESSA A RUA NA FAIXA DE PEDESTRE? AGUARDA O SEMÁFORO FICAR VERDE PARA VOCÊ?

COMO SE SENTIU AO FAZER ESTA ATIVIDADE? POR QUÊ?

MATEMÁTICA EM AÇÃO

PODEMOS VER FORMAS PARECIDAS COM FIGURAS GEOMÉTRICAS EM CONSTRUÇÕES DIVERSAS, E NÃO APENAS EM PEQUENOS OBJETOS.

QUAL É O NOME DA FIGURA GEOMÉTRICA QUE APARECE NAS DUAS FOTOGRAFIAS? _____

AS FIGURAS GEOMÉTRICAS TAMBÉM SÃO ENCONTRADAS NOS QUADROS DE ARTISTAS FAMOSOS.

VEJA UMA TELA DO PINTOR PAUL KLEE.

- ORALMENTE, EXPLIQUE AOS COLEGAS O QUE VOCÊ VÊ NA TELA.
- QUE CONSTRUÇÕES HÁ NA OBRA?
- QUAIS FIGURAS GEOMÉTRICAS DA TELA VOCÊ CONHECE? DESENHE-AS NO CADERNO.

▶ PAUL KLEE. *CASTELO E SOL*, 1928. ÓLEO SOBRE TELA, 50 cm × 59 cm.

REVENDO O QUE APRENDI

1 MARQUE COM **X** O OBJETO QUE TEM FORMA BEM DIFERENTE DOS DEMAIS.

OS ELEMENTOS NÃO ESTÃO REPRESENTADOS EM PROPORÇÃO.

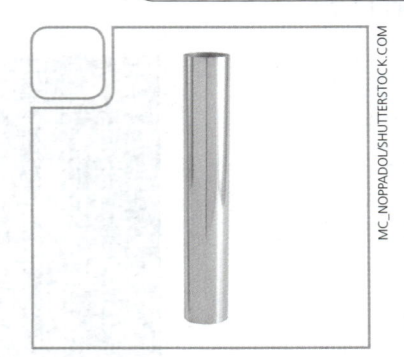

2 O PAI DE TADEU FEZ PEÇAS DE MADEIRA PARA ELE BRINCAR. LIGUE CADA PEÇA AO LUGAR EM QUE DEVE SER GUARDADA.

3 PEÇA AJUDA A UM ADULTO. RECORTE E COLE A IMAGEM DE UM OBJETO QUE TENHA A FORMA DE:

CILINDRO

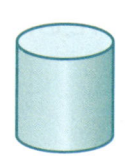

ESFERA

4 ESTA É UMA TELA DO PINTOR PIET MONDRIAN. OBSERVE-A E ASSINALE AS FIGURAS GEOMÉTRICAS PLANAS QUE ELE UTILIZOU.

☐ CÍRCULO
☐ QUADRADO
☐ TRIÂNGULO
☐ RETÂNGULO

▶ PIET MONDRIAN. *COMPOSIÇÃO COM VERMELHO, AMARELO, AZUL E PRETO*, 1921. ÓLEO SOBRE TELA, 59,5 cm × 59,5 cm.

5 MÁRCIA RECORTOU QUADRADOS, TRIÂNGULOS E CÍRCULOS E COLOU, COMO MOSTRA A IMAGEM. AS FIGURAS DE MESMA FORMA TÊM A MESMA COR. CONTINUE PINTANDO.

6 ESCOLHA QUATRO CORES DE LÁPIS DE COR E PINTE A FAIXA. DEPOIS COMPLETE A FRASE.

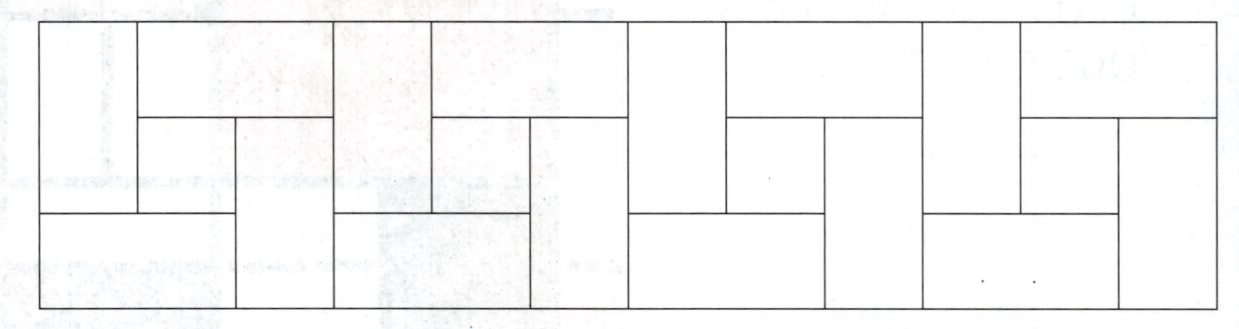

- AS FIGURAS GEOMÉTRICAS DA FAIXA SÃO _____
_____.

DESAFIO

1 NA INTRODUÇÃO DESTA UNIDADE VOCÊ RESOLVEU UM DESAFIO COM FIGURAS GEOMÉTRICAS. VOCÊ SABE DIZER O NOME DESSAS FIGURAS USADAS NO **DESAFIO**?

AGORA PROPOMOS OUTRO DESAFIO QUE ENVOLVE FIGURAS GEOMÉTRICAS. HÁ UM SEGREDO NAS CORES E NAS FORMAS DAS FIGURAS REPRESENTADAS A SEGUIR. QUAIS FIGURAS ESTÃO FALTANDO?

UNIDADE 8
OUTRAS NOÇÕES

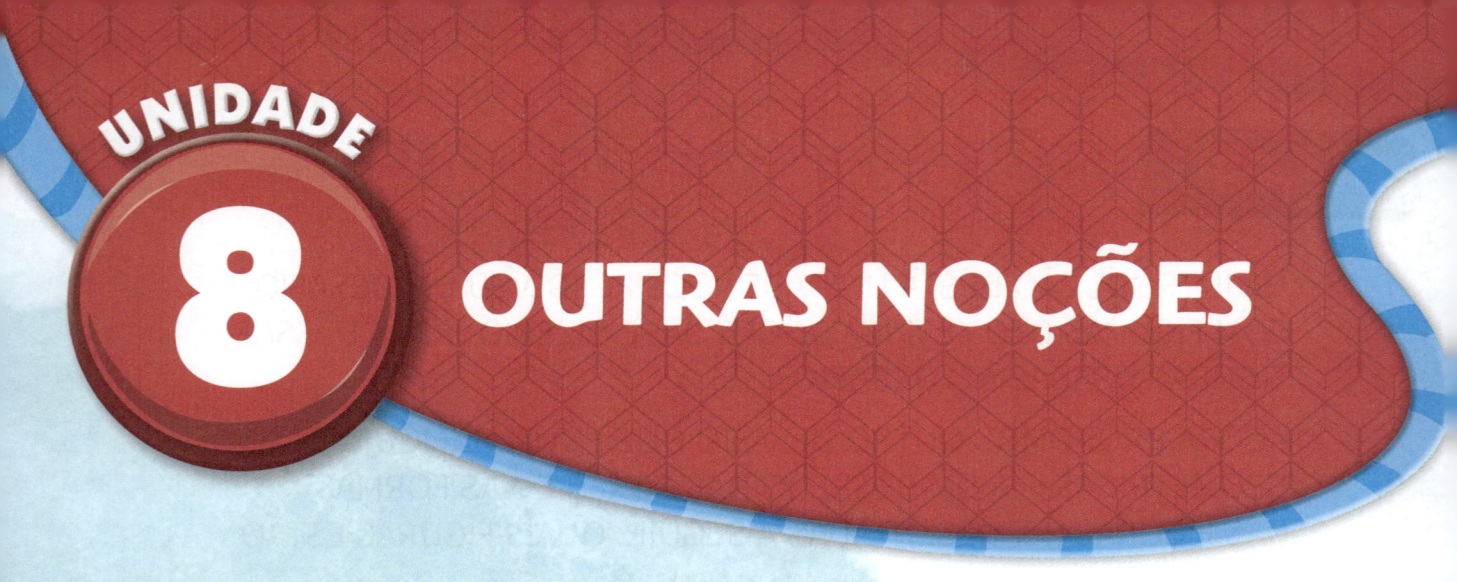

FORME VOCÊ TAMBÉM A FIGURA COM PALITOS DE PICOLÉ. SERÃO, AO TODO, 9 QUADRADOS FORMADOS.

- SE RETIRAR EXATAMENTE 4 DESSES PALITOS, FICARÃO APENAS 5 QUADRADOS. O DESAFIO É SABER QUAIS PALITOS RETIRAR.

DESAFIO da SEMANA
ESTE É PARA QUEBRAR A CUCA

DE OLHO NO LIXO!

VOCÊ JÁ OUVIU FALAR EM RECICLAGEM?

RECICLAGEM É A TRANSFORMAÇÃO DE OBJETOS USADOS EM NOVOS PRODUTOS PARA CONSUMO. PARA ISSO, É PRECISO SEPARAR O LIXO DE ACORDO COM O TIPO.

OBSERVE A PRAÇA CENTRAL DE UMA CIDADE DEPOIS DE UMA FESTA. CONTE A QUANTIDADE DE CADA OBJETO DESCARTADO E REGISTRE-A A SEGUIR.

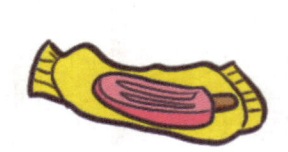

_____   _____   _____   _____   _____

RECICLANDO O LIXO
NOÇÕES DE PESQUISA, TABELAS E GRÁFICOS

OBSERVE O RESULTADO DA CAMPANHA DE LIXO RECICLÁVEL FEITA NA ESCOLA DE FELIPE EM UMA MANHÃ. PINTE UM QUADRINHO PARA CADA OBJETO ENCONTRADO.

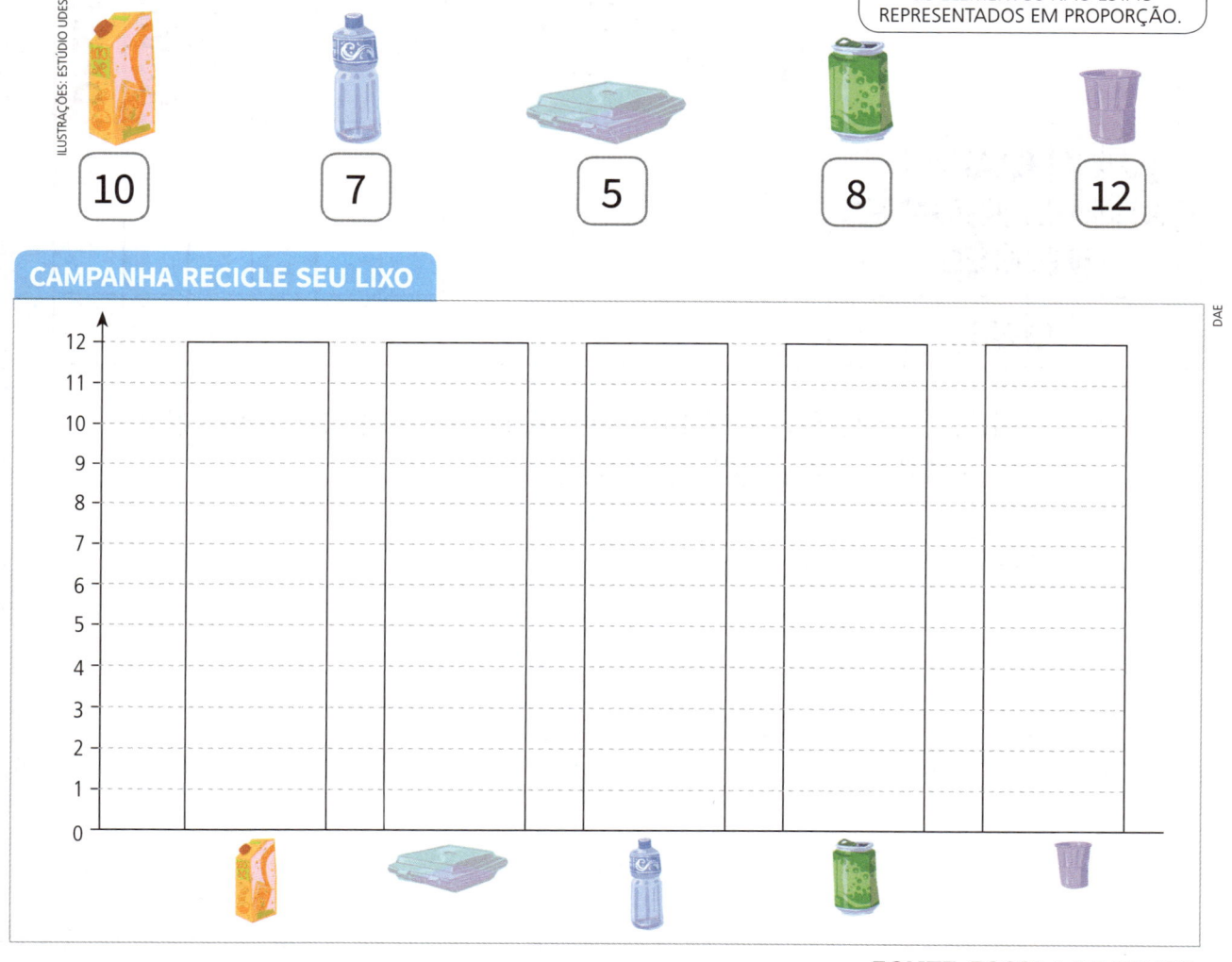

OS ELEMENTOS NÃO ESTÃO REPRESENTADOS EM PROPORÇÃO.

ILUSTRAÇÕES: ESTÚDIO UDES

| 10 | 7 | 5 | 8 | 12 |

CAMPANHA RECICLE SEU LIXO

FONTE: ESCOLA DE FELIPE.

VOCÊ MONTOU UM GRÁFICO. OBSERVE-O E RESPONDA: QUAL OBJETO FOI MAIS COLETADO? E QUAL FOI MENOS COLETADO? QUE OUTRO TÍTULO VOCÊ DARIA A ESSE GRÁFICO?

OS GRÁFICOS SÃO UMA FORMA DE APRESENTAÇÃO DE INFORMAÇÕES. É COMUM ENCONTRARMOS GRÁFICOS EM JORNAIS E REVISTAS.

1 VAMOS FAZER UMA **PESQUISA**? CONVERSE COM OS COLEGAS PARA COMPLETAR A TABELA COM A QUANTIDADE DE ANIVERSARIANTES DA TURMA EM CADA MÊS.

	JANEIRO	FEVEREIRO	MARÇO	ABRIL	MAIO	JUNHO	JULHO	AGOSTO	SETEMBRO	OUTUBRO	NOVEMBRO	DEZEMBRO
QUANTIDADE DE ANIVERSARIANTES NO MÊS												
TOTAL												

A) COMPLETE O GRÁFICO COLORINDO UM QUADRINHO PARA CADA ANIVERSARIANTE.

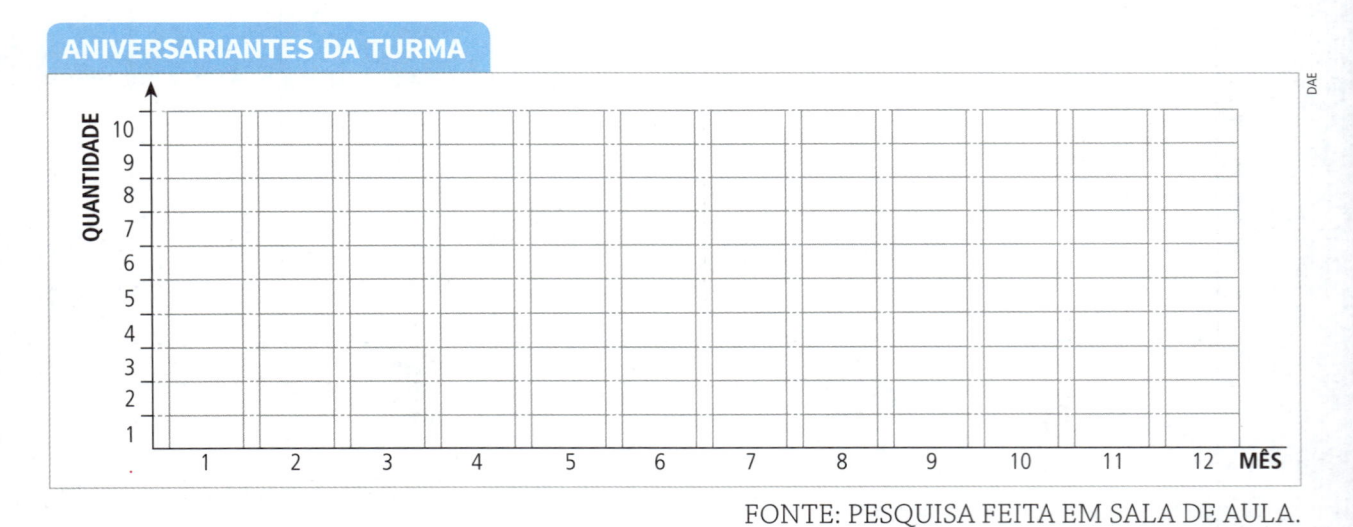

ANIVERSARIANTES DA TURMA

(gráfico: eixo Y QUANTIDADE de 1 a 10; eixo X MÊS de 1 a 12)

FONTE: PESQUISA FEITA EM SALA DE AULA.

B) O MÊS EM QUE HÁ MAIS ANIVERSARIANTES É:

_____.

C) ESCOLHA UMA FORMA DIFERENTE DE APRESENTAR OS RESULTADOS DA PESQUISA. REGISTRE-A NO CADERNO.

2 ESCOLHA APENAS UM DOS ANIMAIS PARA COLORIR.

OS ELEMENTOS NÃO ESTÃO REPRESENTADOS EM PROPORÇÃO.

A) QUAL DOS ANIMAIS A TURMA PREFERIU COLORIR? PREENCHA O QUADRO PARA DESCOBRIR.

ANIMAL	VACA	CAVALO	LEÃO	ELEFANTE	GIRAFA
ESCOLHA					
TOTAL DE ESCOLHAS					

B) ESCREVA O NOME DOS ANIMAIS NA ORDEM EM QUE A TURMA PREFERIU.

- 1º (PRIMEIRO): _____

- 2º (SEGUNDO): _____

- 3º (TERCEIRO): _____

- 4º (QUARTO): _____

- 5º (QUINTO): _____

INFORMAÇÕES E MAIS INFORMAÇÕES
TRATAMENTO DA INFORMAÇÃO EM OUTRAS SITUAÇÕES

VOCÊ SE LEMBRA DO BONECO REPRESENTADO NA UNIDADE ANTERIOR, PÁGINA 186, COM FIGURAS GEOMÉTRICAS?

A TABELA A SEGUIR APRESENTA AS FIGURAS E AS QUANTIDADES UTILIZADAS NO BONECO.

AS MESMAS INFORMAÇÕES DA TABELA PODEM SER ORGANIZADAS EM UM GRÁFICO. OBSERVE.

FIGURA GEOMÉTRICA	QUANTIDADE
CUBO	2
ESFERA	3
BLOCO RETANGULAR	8
CILINDRO	2

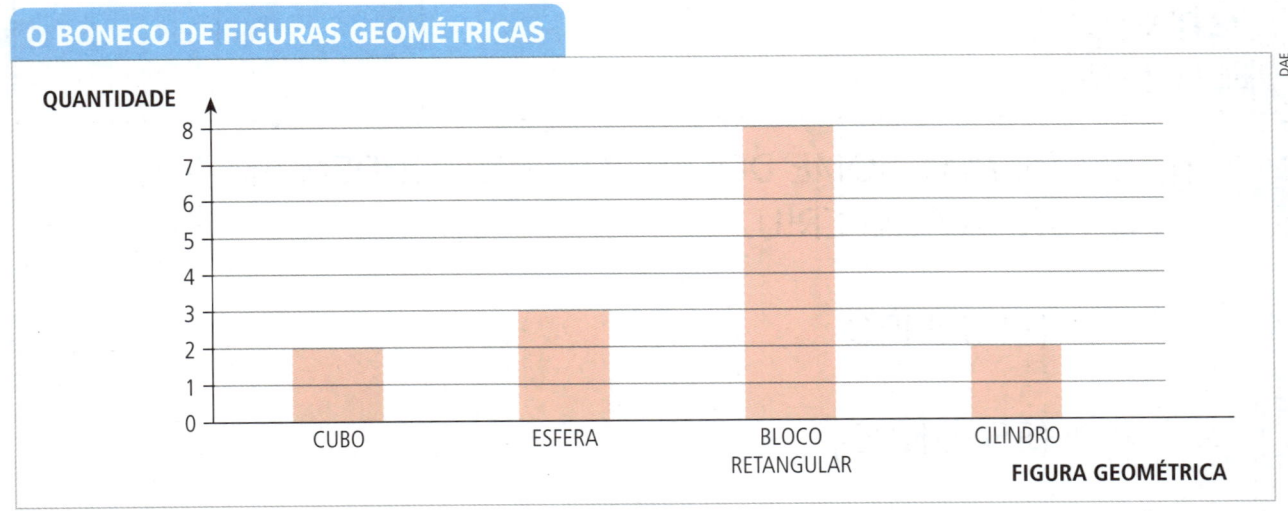

O BONECO DE FIGURAS GEOMÉTRICAS

FONTE: ATIVIDADE DA PÁGINA 186.

◆ QUAL DAS MANEIRAS DE APRESENTAR AS INFORMAÇÕES É MAIS ATRAENTE? MARQUE COM **X**.

☐ TABELA. ☐ GRÁFICO.

1 A MÃE DE JANAÍNA FAZ TORTAS E AS VENDE EM CASA. PARA ORGANIZAR AS INFORMAÇÕES, ELA FEZ UM GRÁFICO DAS VENDAS DA SEMANA. VEJA COMO ELE FICOU.

VENDA DE TORTAS

SEGUNDA-FEIRA	7
TERÇA-FEIRA	4
QUARTA-FEIRA	8
QUINTA-FEIRA	6
SEXTA-FEIRA	9

FONTE: MÃE DA JANAÍNA.

A) QUAIS NOMES VOCÊ PODE DAR AOS "EIXOS" DO GRÁFICO? ESCREVA-OS NAS LINHAS NO ALTO E ABAIXO DO GRÁFICO.

B) O QUE REPRESENTAM AS COLUNAS DO GRÁFICO?

C) QUANTAS TORTAS FORAM VENDIDAS NOS DOIS PRIMEIROS DIAS?

D) E QUANTAS FORAM VENDIDAS NOS DOIS ÚLTIMOS DIAS?

2 FAÇA A TABELA A SEGUIR NO CADERNO E COMPLETE-A COM AS INFORMAÇÕES DO GRÁFICO ANTERIOR.

DIA DA SEMANA	QUANTIDADE VENDIDA

3 LEIA O TEXTO COM OS COLEGAS E O PROFESSOR.

UMA PESQUISA FOI FEITA COM A TURMA SOBRE A QUANTIDADE DE HORAS QUE CADA ALUNO DORME POR NOITE. DESCOBRIU-SE QUE:
6 CRIANÇAS DORMEM 10 HORAS;
4 CRIANÇAS DORMEM 8 HORAS;
2 CRIANÇAS DORMEM 9 HORAS; E
5 CRIANÇAS DORMEM 11 HORAS.

A) ORGANIZE ESSAS INFORMAÇÕES NO QUADRO A SEGUIR.

NÚMERO DE HORAS DE SONO	QUANTIDADE DE CRIANÇAS

B) QUANTAS CRIANÇAS PARTICIPARAM DESSA PESQUISA?

☐ MAIS DE 20 CRIANÇAS.

☐ MENOS DE 20 CRIANÇAS.

SORTE OU AZAR
NOÇÃO DE ACASO

JEFERSON E ANA ESTÃO BRINCANDO COM UM DADO NO CHÃO DA SALA DE AULA. GANHA O JOGO AQUELE QUE CONSEGUIR O MAIOR NÚMERO.

ANA, NA SUA VEZ, LANÇOU O DADO. O RESULTADO QUE SAIU FOI A FACE COM O NÚMERO 4.

- AGORA É A VEZ DE JEFERSON. QUAIS SÃO OS RESULTADOS **FAVORÁVEIS** PARA ELE GANHAR DE ANA? CONTORNE.

1 SOBRE A BRINCADEIRA **CARA OU COROA**, RESPONDA:

A) SE VOCÊ LANÇAR UMA MOEDA, QUAL RESULTADO TEM MAIS CHANCE DE OCORRER: CARA OU COROA?

_____

B) MARCOS LANÇOU A MOEDA E SAIU CARA. AGORA ELE VAI LANÇAR A MESMA MOEDA NOVAMENTE. QUAL DOS RESULTADOS TEM MAIS CHANCE DE OCORRER?

_____

2 LÚCIA VAI JOGAR DOIS DADOS E SOMAR OS PONTOS OBTIDOS.

A) É POSSÍVEL QUE A SOMA DOS PONTOS SEJA 13? _____

B) QUAL É A MAIOR SOMA POSSÍVEL? _____

C) É POSSÍVEL QUE O TOTAL DE PONTOS SEJA ZERO? _____

D) PODE OCORRER QUE A SOMA DOS PONTOS SEJA 12 OU MENOR QUE 12? _____

3 MÁRIO TRABALHA COMO GARÇOM. SE EM UM DIA DE TRABALHO ELE DEIXAR CAIR UM COPO DE VIDRO NO CHÃO, O QUE VAI ACONTECER? MARQUE A RESPOSTA COM **X**.

☐ VAI QUEBRAR COM CERTEZA.

☐ NÃO VAI QUEBRAR.

☐ TALVEZ QUEBRE.

4 PINTE UMA DAS CARTAS NUMERADAS ABAIXO. NÃO DEIXE QUE SEUS COLEGAS VEJAM!

| 1 | 2 | 3 | 4 | 5 | 6 | 7 | 8 | 9 | 10 | 11 | 12 |

A) MAIS ALGUÉM NA TURMA PODE ESCOLHER O MESMO NÚMERO QUE VOCÊ? _____

B) PODE OCORRER DE NINGUÉM ESCOLHER O NÚMERO 12? _____

5 ESTA É PARA VOCÊ PENSAR.

CONSIDERE AS 13 CRIANÇAS QUE ESTÃO NA IMAGEM ACIMA.

O QUE É CORRETO DIZER SOBRE ELAS? MARQUE UM **X** NA RESPOSTA CORRETA.

☐ TODAS FAZEM ANIVERSÁRIO NO MESMO MÊS.

☐ TODAS FAZEM ANIVERSÁRIO EM MESES DIFERENTES.

☐ PELO MENOS DUAS DELAS FAZEM ANIVERSÁRIO NO MESMO MÊS.

6 ESCOLHA UMA DAS BOLAS NUMERADAS E MARQUE-A COM **X**. NÃO DEIXE QUE NENHUM COLEGA VEJA A BOLA QUE VOCÊ ESCOLHEU.

PEÇA A UM COLEGA PARA ADIVINHAR A BOLA QUE VOCÊ MARCOU. ESCREVA ABAIXO O NOME DO COLEGA E INFORME SE ELE ACERTOU OU ERROU.

NOME DO COLEGA. _____

☐ ACERTOU   ☐ ERROU

ESTUDANDO EM GRUPO
NOÇÕES DE MULTIPLICAÇÃO E DIVISÃO

A PROFESSORA PEDIU AOS ALUNOS QUE FORMASSEM GRUPOS PARA ESTUDAR. VEJA COMO FICOU:

- QUANTOS GRUPOS FORAM FORMADOS? _____

- ELES TÊM A MESMA QUANTIDADE DE ALUNOS? _____

- QUANTOS ALUNOS HÁ EM CADA GRUPO? _____

- QUAL É O TOTAL DE ALUNOS? _____

1 EM OUTRA ATIVIDADE, OS MESMOS 24 ALUNOS FORAM ORGANIZADOS EM OUTROS GRUPOS COM 8 ALUNOS EM CADA GRUPO.

COMPLETE:

- CADA GRUPO TEM _____ ALUNOS. AO TODO SÃO _____ GRUPOS. O TOTAL DE ALUNOS É _____.

2 UM TIME DE VOLEIBOL TEM 6 JOGADORES.

COMPLETE:

◆ EM UM JOGO, 2 TIMES JOGAM UM CONTRA O OUTRO.

ASSIM, AO TODO HÁ _____ JOGADORES.

3 VEJA OS CARRINHOS E FORME GRUPOS DE 3.

A) QUAL É A QUANTIDADE TOTAL DE CARRINHOS? _____

B) QUANTOS GRUPOS VOCÊ FORMOU? _____

C) SOBROU ALGUM CARRINHO FORA DOS GRUPOS? _____

4 PARA ORGANIZAR A CAIXA DE COSTURA DA MAMÃE, RECORTE OS 12 BOTÕES COLORIDOS DA PÁGINA 255 NA SEÇÃO **ENCARTES**. EM SEGUIDA, DISTRIBUA-OS IGUALMENTE EM 3 CAXINHAS.

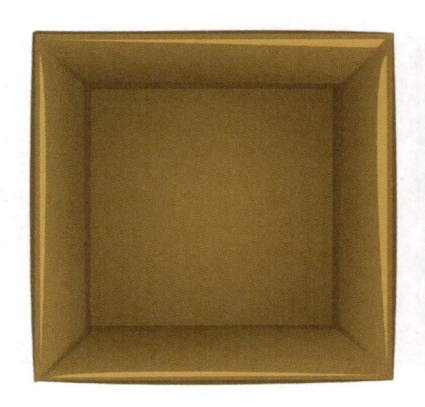

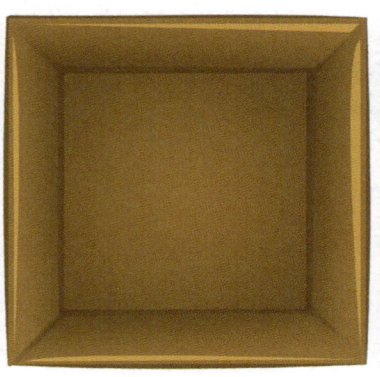

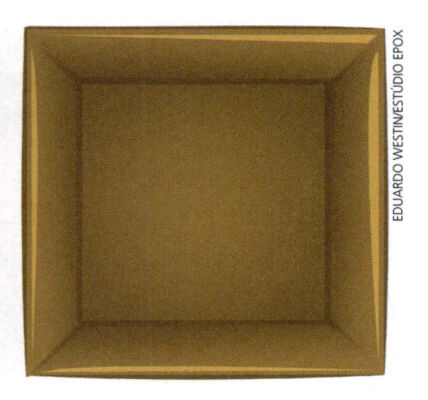

- CADA CAIXINHA FICOU COM QUANTOS BOTÕES? _____

5 NO AQUÁRIO DE JÚLIO HÁ PEIXES DE DUAS CORES: **AZUIS** E **VERMELHOS**. PINTE-OS DE MODO QUE HAJA A MESMA QUANTIDADE DE PEIXES DAS DUAS CORES.

A) QUANTOS PEIXES VOCÊ PINTOU? _____

B) QUANTOS PINTOU DE VERMELHO? _____

C) QUANTOS PINTOU DE AZUL? _____

REVENDO O QUE APRENDI

1 NO MURAL DA SALA DE AULA, A PROFESSORA COLOCOU O SEGUINTE GRÁFICO:

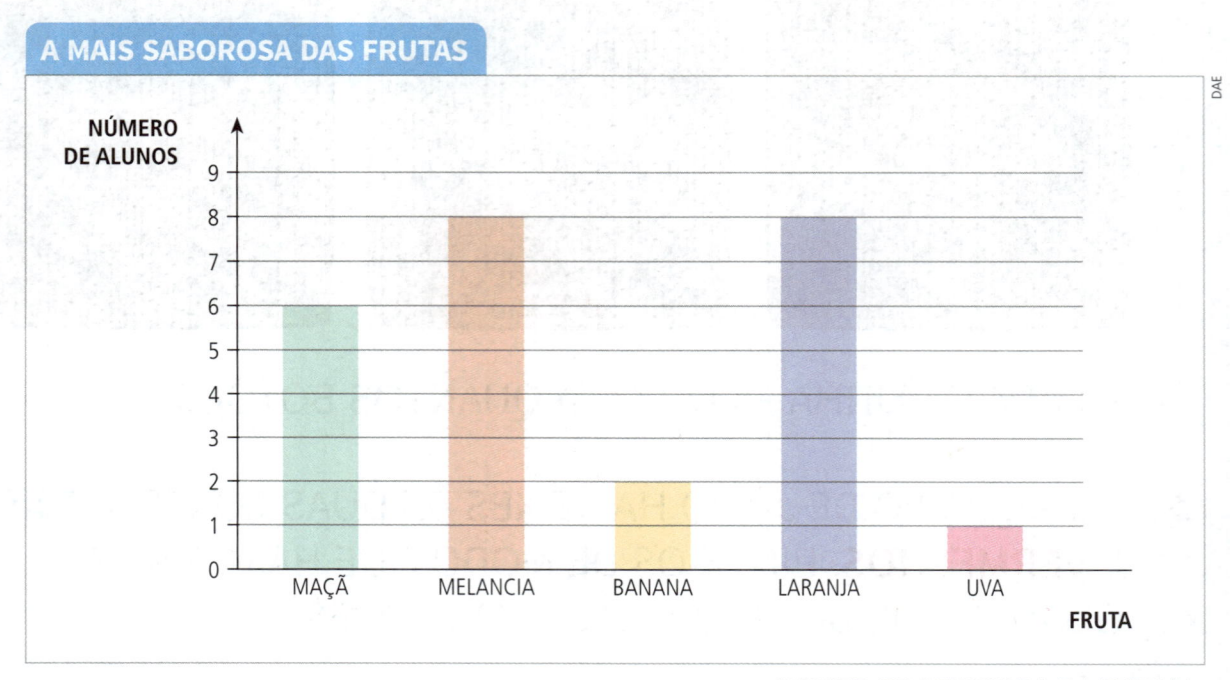

A MAIS SABOROSA DAS FRUTAS

FRUTA	NÚMERO DE ALUNOS
MAÇÃ	6
MELANCIA	8
BANANA	2
LARANJA	8
UVA	1

FONTE: PROFESSORA DA TURMA.

A) QUAL É O TÍTULO DO GRÁFICO?

_____

B) QUANTOS ALUNOS ESCOLHERAM BANANA? E MAÇÃ?

_____

C) OBSERVE AS COLUNAS DO GRÁFICO E RESPONDA: QUAL FRUTA FOI CONSIDERADA A MAIS SABOROSA?

_____

D) E A MENOS SABOROSA? _____

2 SE VOCÊ TIVESSE DE ESCOLHER APENAS UMA FRUTA PARA COMER, QUAL ESCOLHERIA? CADA ALUNO, NA SUA VEZ, DEVE ESCOLHER E DIZER EM VOZ ALTA UMA FRUTA DA LISTA ABAIXO. MARQUE AS ESCOLHAS DOS COLEGAS NA TABELA.

FRUTA	ESCOLHAS	QUANTIDADE
MAÇÃ		
MELANCIA		
BANANA		
LARANJA		
UVA		

3 PINTE AS COLUNAS DO GRÁFICO CONFORME AS INFORMAÇÕES DA TABELA ANTERIOR.

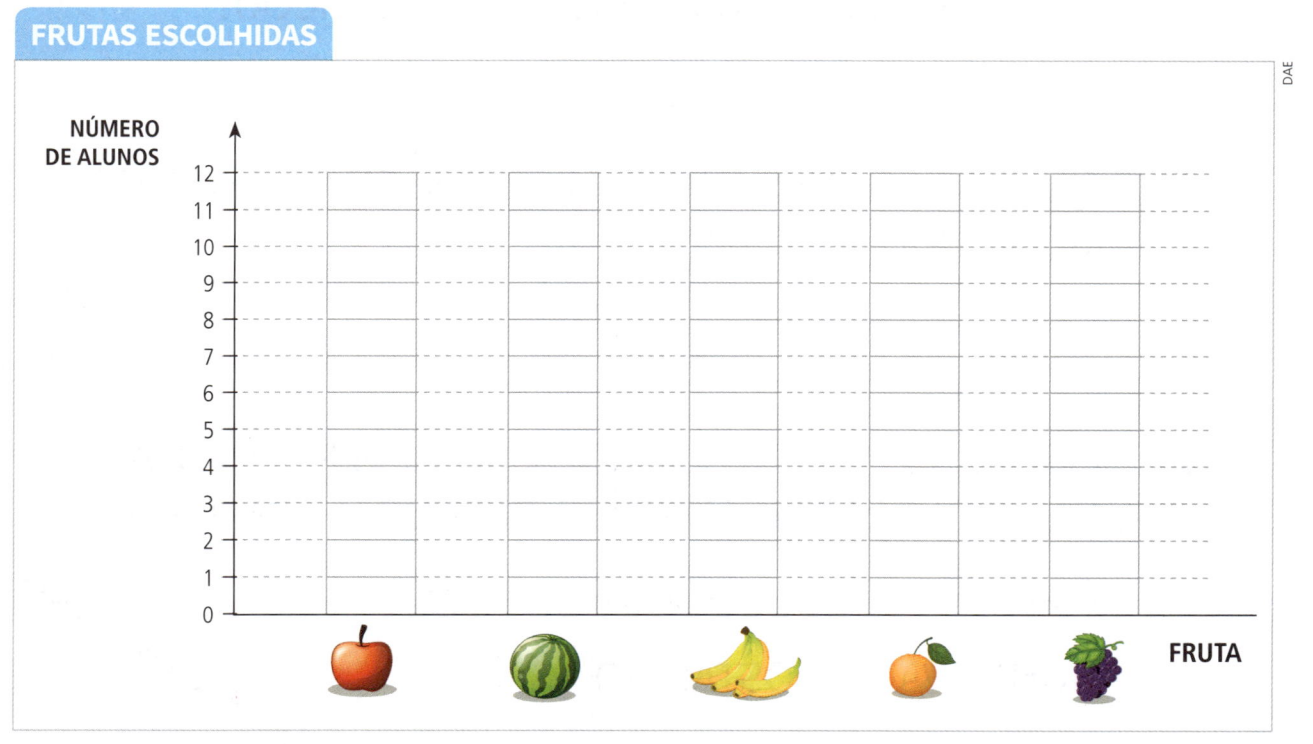

FRUTAS ESCOLHIDAS

FONTE: PESQUISA FEITA EM SALA DE AULA.

4 QUATRO AMIGOS DISTRIBUÍRAM IGUALMENTE ENTRE ELES 4 FICHAS PARA BRINCAR NO PARQUE DE DIVERSÕES.

A) COM QUANTAS FICHAS CADA UM DELES FICOU?

_____

B) E QUANTAS FICHAS CADA UM RECEBERIA SE TIVESSEM DISTRIBUÍDO 8 FICHAS?

_____

5 NA SALA DE AULA, CARLA JOGOU UM LÁPIS PARA CIMA. O QUE VAI ACONTECER? MARQUE A RESPOSTA COM UM **X**.

☐ CERTAMENTE VAI ENCOSTAR NO TETO.

☐ NUNCA VAI ENCOSTAR NO TETO.

☐ CERTAMENTE VAI DESCER.

6 NO CAMPO DE FUTEBOL, MATEUS CHUTA UMA BOLA EM DIREÇÃO AO GOL. O QUE VAI ACONTECER?

A) ☐ CERTAMENTE VAI ENTRAR NO GOL.

B) ☐ TALVEZ A BOLA ENTRE NO GOL.

C) ☐ É IMPOSSÍVEL A BOLA ENTRAR NO GOL.

7 OBSERVE AS PILHAS DE MOEDAS DE 1 REAL.

A) EM CADA PILHA HÁ _____ MOEDAS DE 1 REAL.

B) COMO SÃO _____ PILHAS DE MOEDAS E EM CADA PILHA HÁ _____ REAIS, SÃO AO TODO _____ REAIS.

DESAFIO

1 VOCÊ SE LEMBRA DO DESAFIO DO INÍCIO DA UNIDADE? VOCÊ CONSEGUIU RESOLVÊ-LO?

AGORA, RESOLVA ESTE DESAFIO:
- 10 MOEDAS DE 1 REAL FORAM DISTRIBUÍDAS EM 4 SAQUINHOS;
- CADA SAQUINHO TEM, PELO MENOS, 1 MOEDA;
- NÃO HÁ SAQUINHOS COM O MESMO NÚMERO DE MOEDAS;
- QUANTAS MOEDAS HÁ EM CADA SAQUINHO?

_____

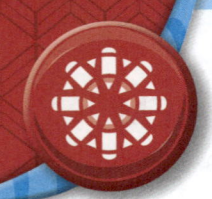

+ ATIVIDADES

UNIDADE 1

1 VEJA AS PEÇAS DE UM JOGO DE XADREZ. PINTE DA MESMA COR AS QUE SÃO IGUAIS.

CIBELE SANTOS

2 MARQUE COM **X** O MENINO MAIS ALTO E CONTORNE O MAIS BAIXO.

LUANA COSTA

3 OBSERVE A FILA E FAÇA O QUE SE PEDE.

- MARQUE COM **X** A CRIANÇA QUE ESTÁ ATRÁS DE TODOS;
- CONTORNE A CRIANÇA QUE ESTÁ ENTRE A MAIS ALTA E A MAIS BAIXA;
- MARQUE COM **+** A CRIANÇA QUE ESTÁ NA FRENTE DA FILA.

4 OBSERVE A IMAGEM, DESCUBRA QUEM É MARIA E CONTORNE-A.

- ELA NÃO ESTÁ NA MESA MAIS AFASTADA.
- TAMBÉM NÃO ESTÁ NA MESA MAIS PRÓXIMA.
- ELA ESCREVE COM A MÃO DIREITA.

UNIDADE 2

1 SIGA O CÓDIGO DE CORES E PINTE O DESENHO.

🟡 ESTRELAS 🟠 LUAS ⬛ NUVENS 🟥 RAIOS

◆ MARQUE COM **X** O QUE HÁ EM MAIOR NÚMERO NO DESENHO.

☐ NUVENS   ☐ ESTRELAS   ☐ LUAS   ☐ RAIOS

2 LIGUE CADA CRIANÇA A UM BONÉ.

AGORA RESPONDA:

A) O QUE HÁ MAIS?

☐ CRIANÇAS.   ☐ BONÉS.

B) QUANTOS A MAIS? _____

3 ESCOLHA UMA COR PARA CADA NÚMERO E PINTE A FIGURA.

4 COMPLETE A SEQUÊNCIA DOS NÚMEROS DE ZERO A NOVE.

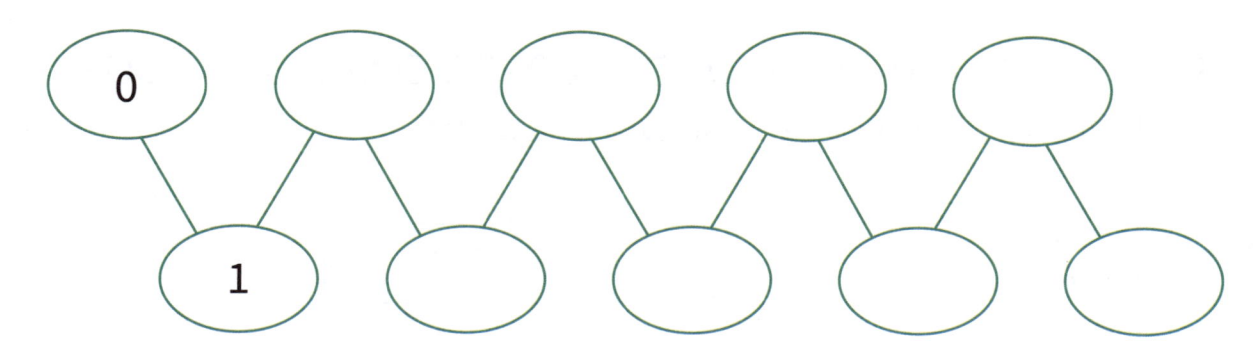

0

1

UNIDADE 3

1 JOÃO TEM 3 BOLAS DE GUDE. GANHOU DE SEU PAI OUTRAS 4 DO MESMO TIPO. QUANTAS BOLAS DE GUDE ELE TEM AGORA? DESENHE PARA RESPONDER.

AGORA COMPLETE: 3 + 4 = _____.

2 CADA JOGADOR LANÇOU DOIS DADOS. LIGUE AS FACES DOS DADOS AO TOTAL DE PONTOS DELAS.

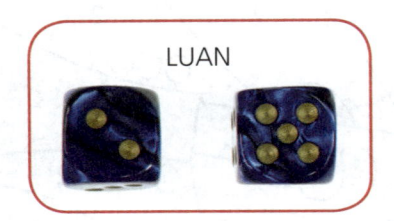

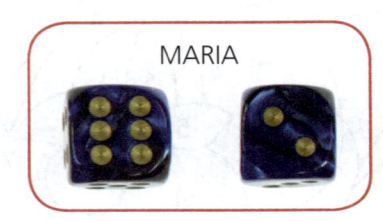

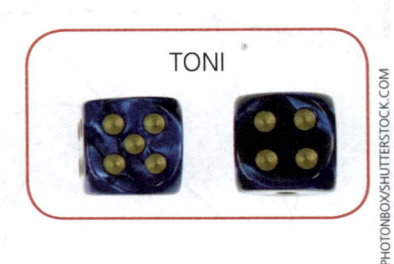

LUAN   MARIA   TONI

8 PONTOS   9 PONTOS   7 PONTOS

AGORA, COMPLETE:

A) 2 + 5 = _____   B) 6 + 2 = _____   C) 5 + 4 = _____

3 PINTE OS QUADRINHOS DE ACORDO COM A SOMA DOS PONTOS INDICADA. USE DUAS CORES.

A) 3 + 6 = 9

B) 7 + 2 = 9

4 DESCUBRA O SEGREDO DA SEQUÊNCIA E CONTINUE COMPLETANDO OS QUADROS.

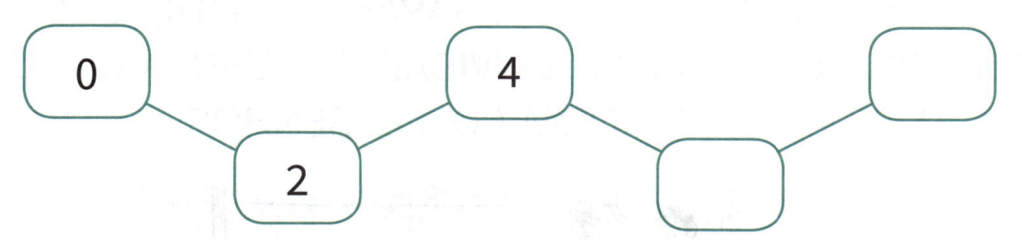

0 — 2 — 4 — ☐ — ☐

5 NUMA BRINCADEIRA, SÉRGIO SEPAROU PEÇAS DE DOMINÓ SEGUINDO A REGRA: A SOMA DOS PONTOS DE CADA PEÇA É IGUAL A 8. PINTE AS PEÇAS DE DOMINÓ QUE SÉRGIO SEPAROU.

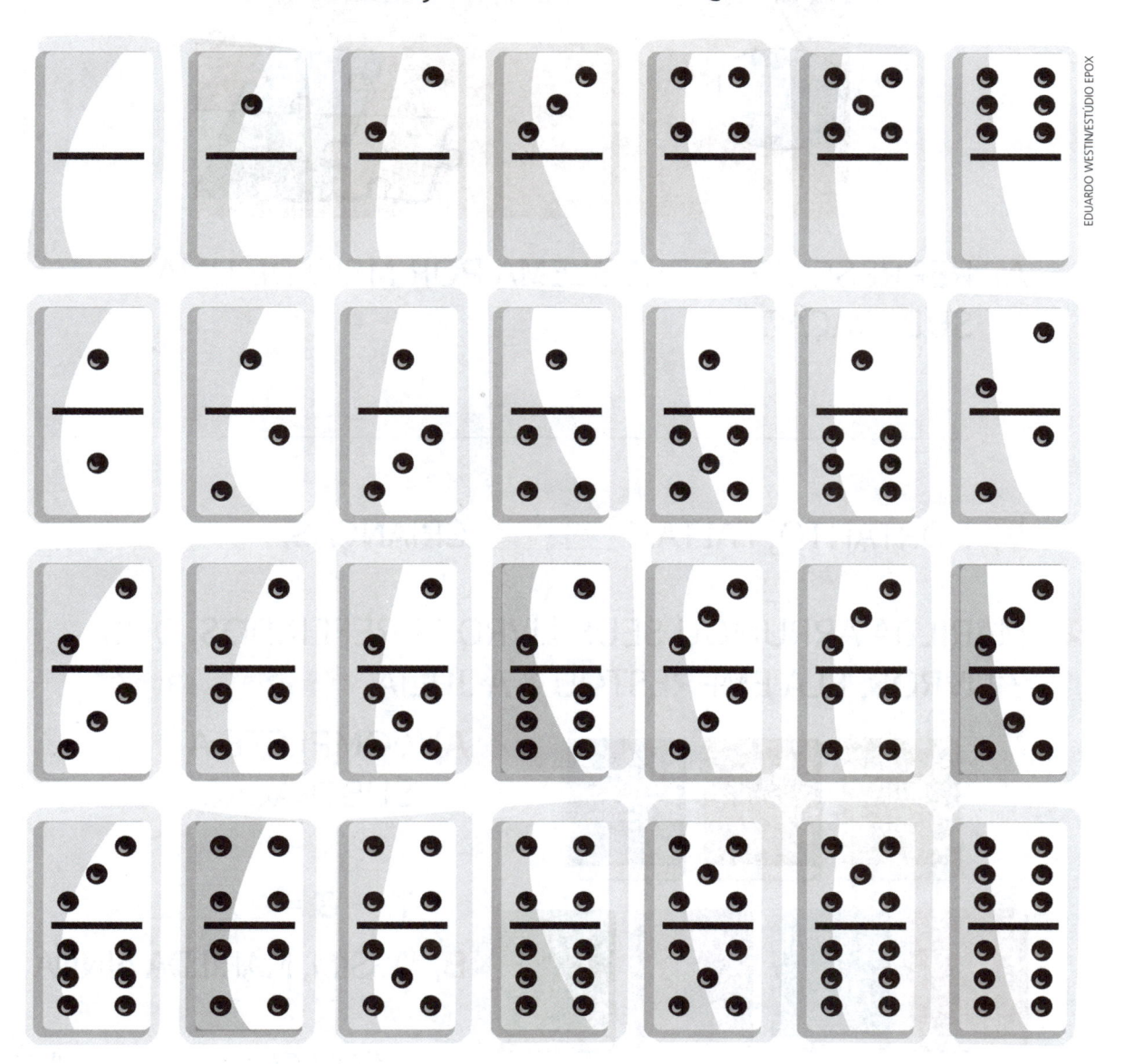

UNIDADE 4

1 PARA UMA BRINCADEIRA, CHEGARAM 2 CRIANÇAS DE UM TOTAL DE 8 QUE FORAM CONVIDADAS. QUANTAS AINDA FALTAM? COMPLETE A CENA COM DESENHOS.

A) REPRESENTE O PROBLEMA POR MEIO DE UMA SUBTRAÇÃO.

_____

B) PORTANTO, FALTAM _____ CRIANÇAS.

2 MARILDA ARRUMOU SEUS LIVROS PREFERIDOS. DOS 7 LIVROS, ELA EMPRESTOU 3 A JÚLIA.

A) COMPLETE A SUBTRAÇÃO.

$7 - 3 =$ _____

B) ASSIM, MARILDA AINDA FICOU COM _____ LIVROS.

3 COMPLETE AS SUBTRAÇÕES.

A) 7 − 1 = _____
B) 8 − 8 = _____
C) 9 − 3 = _____
D) 6 − 0 = _____

4 LIGUE A ADIÇÃO E A SUBTRAÇÃO COM O NÚMERO QUE A COMPLETA.

2 + _____ = 6

9 − _____ = 1

6
4
5
8

_____ − 5 = 1

_____ + 4 = 9

5 CAROLINA TEM 9 LÁPIS NO ESTOJO, 3 A MAIS DO QUE RODRIGO. QUANTOS LÁPIS ELE TEM? FAÇA UM DESENHO PARA REPRESENTAR A CONTA E O RESULTADO.

◆ RODRIGO TEM _____ LÁPIS.

6 DAQUI A 2 ANOS MATEUS COMPLETARÁ 9 ANOS. QUAL É A IDADE DELE? PINTE O QUADRO QUE A REPRESENTA.

9 − 3 = 5   8 − 3 = 5   9 − 2 = 7   7 − 1 = 6

UNIDADE 5

1 LIGUE OS PONTOS E DESCUBRA O DESENHO. COMECE NO NÚMERO 1 E VÁ ATÉ O 39.

2 LIGUE OS NÚMEROS À SUA FORMA ESCRITA POR EXTENSO.

27	VINTE E NOVE
23	TRINTA E DOIS
33	TRINTA E TRÊS
32	VINTE E TRÊS
29	VINTE E SETE

3 A TURMA REPRESENTOU QUANTIDADES COM O MATERIAL DOURADO. COMPLETE AS LACUNAS.

A) 20 + 2 = _____
(VINTE E DOIS)

B) 10 + 4 = _____
(CATORZE)

C) 20 + 5 = _____
(VINTE E CINCO)

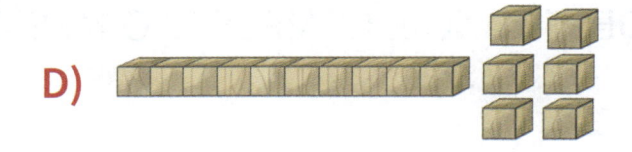

D) 10 + 6 = _____
(DEZESSEIS)

4 COMPLETE O QUADRO COM A SEQUÊNCIA NUMÉRICA DE 11 A 30.

11	12	13							20
21	22								

RESPONDA ÀS QUESTÕES.

A) QUE NÚMERO REPRESENTA 1 DEZENA E 7 UNIDADES? _____

B) QUE NÚMERO REPRESENTA 2 DEZENAS E 3 UNIDADES? _____

C) QUE NÚMERO REPRESENTA 3 DEZENAS? _____

UNIDADE 6

1 LIGUE CADA RELÓGIO DIGITAL AO DE PONTEIROS QUE MARCA A MESMA HORA.

6:00

11:00

4:00

3:00

2 OBSERVE O CALENDÁRIO DESTE ANO E COMPLETE O MÊS DE SEU ANIVERSÁRIO.

MÊS _____

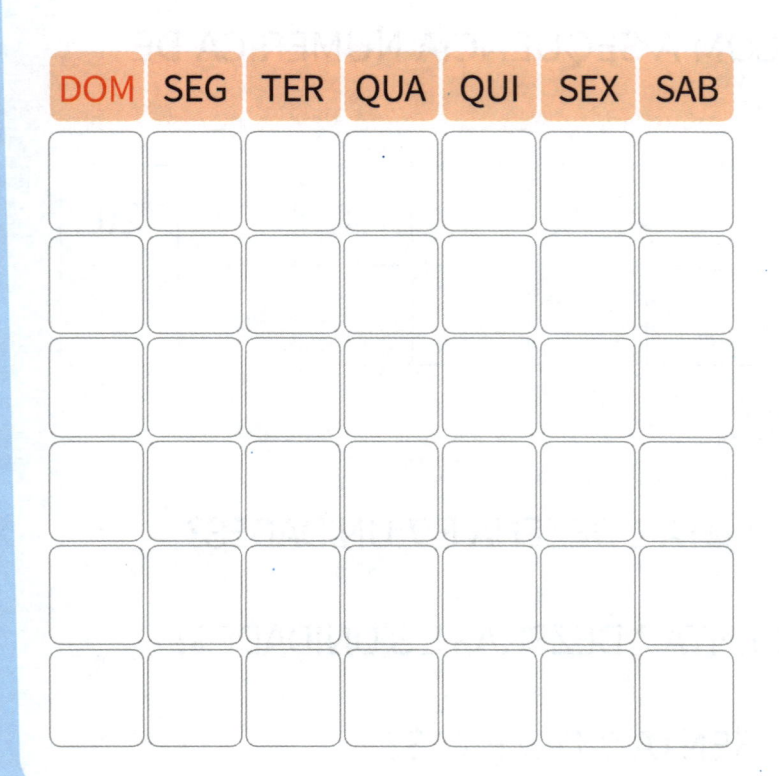

DOM	SEG	TER	QUA	QUI	SEX	SAB

A) PINTE DE VERMELHO O DIA DE SEU ANIVERSÁRIO.

B) EM QUE DIA DA SEMANA É SEU ANIVERSÁRIO?

_____

3 UTILIZE UMA RÉGUA PARA DESCOBRIR QUANTOS CENTÍMETROS HÁ DO SEU COTOVELO ATÉ A PONTA DO DEDO MÉDIO. VEJA NA IMAGEM.

- QUANTOS CENTÍMETROS HÁ?

☐ 20 cm   ☐ MENOS DE 20 cm   ☐ MAIS DE 20 cm

4 JOAQUIM CARREGOU 2 PACOTES DE ARROZ, UM DE 5 kg E OUTRO DE 1 kg. AO TODO, QUE PESO ELE CARREGOU? PINTE O QUADRO QUE TEM A RESPOSTA CORRETA.

☐ 9 kg   ☐ 6 kg   ☐ 8 kg   ☐ 7 kg

5 NA JARRA HAVIA 1 LITRO DE SUCO DE ABACAXI. MARTA ENCHEU COMPLETAMENTE 6 COPOS, E A JARRA FICOU VAZIA.

- QUANTOS DESSES COPOS SÃO NECESSÁRIOS PARA ESVAZIAR UMA JARRA DE 2 LITROS?

UNIDADE 7

1 MARQUE COM **X** OS DESENHOS QUE REPRESENTAM FIGURAS GEOMÉTRICAS QUE NÃO SÃO PLANAS.

2 ESCREVA O NOME DAS FIGURAS GEOMÉTRICAS REPRESENTADAS A SEGUIR.

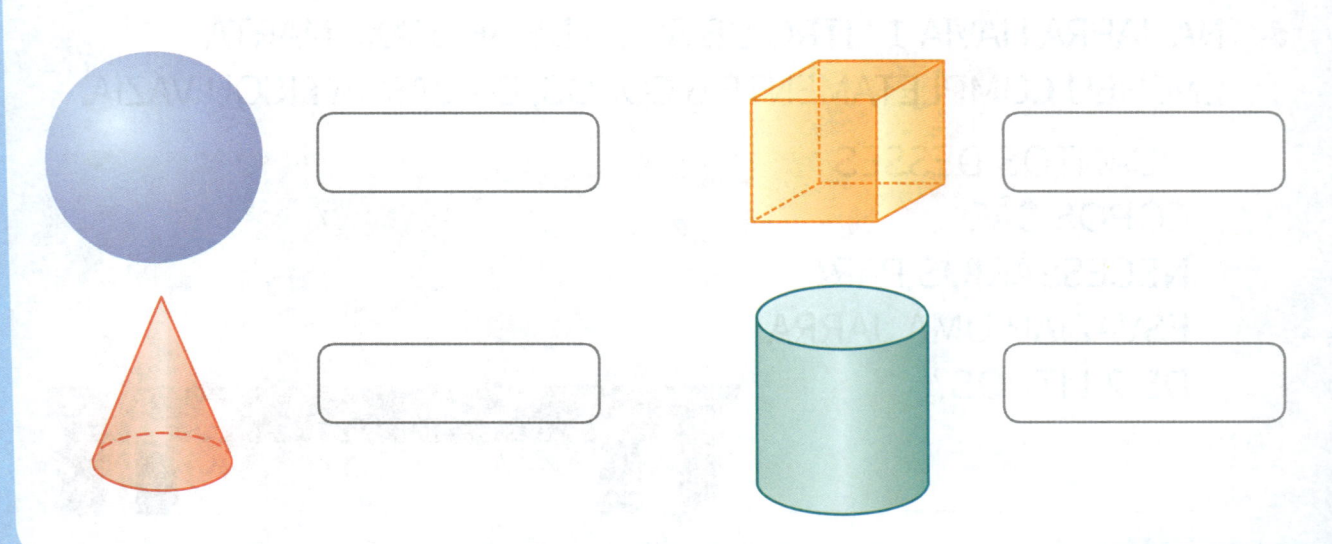

3 NO DESENHO, PINTE OS QUADRADOS DE **AZUL**, E OS TRIÂNGULOS DE **LARANJA**.

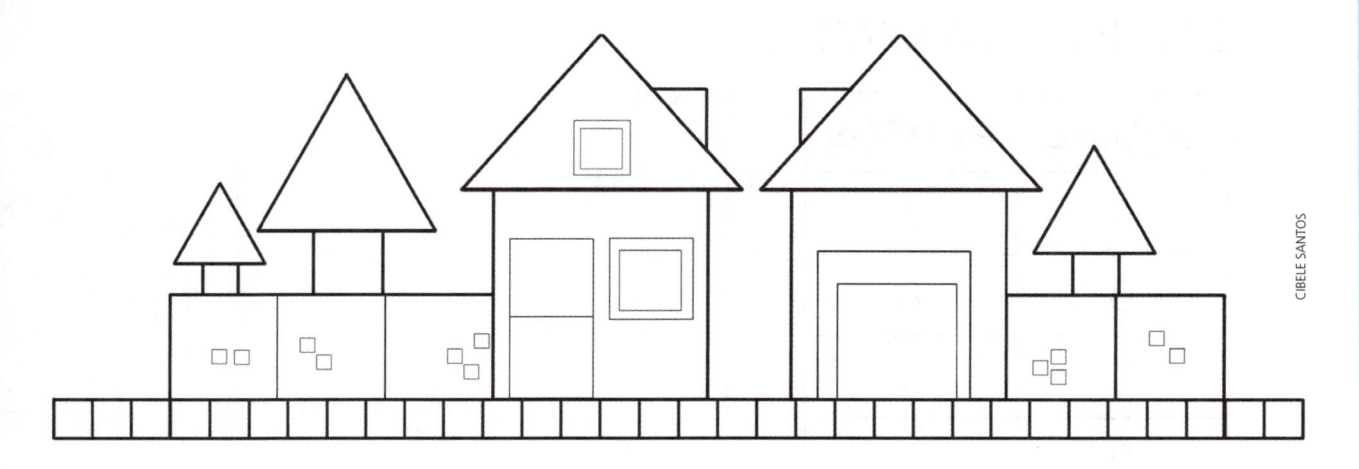

4 OBSERVE A SEQUÊNCIA E FAÇA O QUE SE PEDE.

A) QUANTOS SERÃO OS QUADRADINHOS VERMELHOS DA PRÓXIMA FIGURA? E OS AMARELOS?

_____

B) NA MALHA QUADRICULADA ABAIXO DESENHE A PRÓXIMA FIGURA.

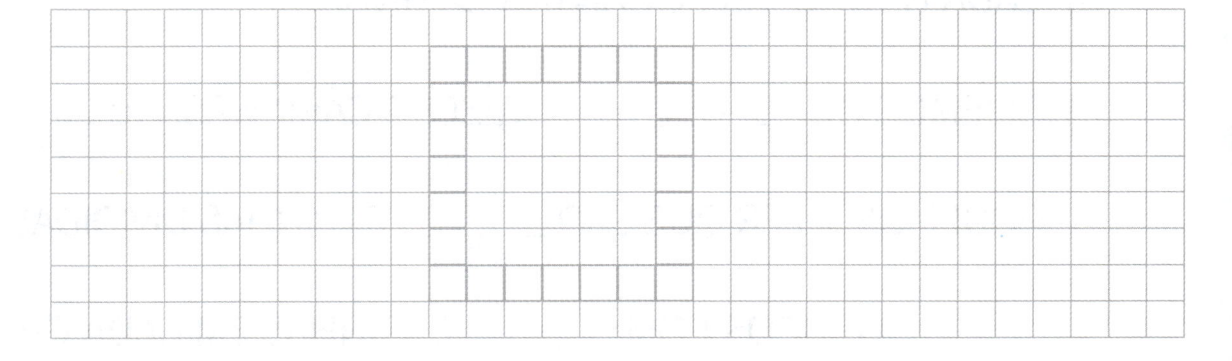

UNIDADE 8

1 OBSERVE NA TABELA OS PONTOS DAS EQUIPES DA GINCANA E COMPLETE O GRÁFICO.

EQUIPE	PONTOS
A	7
B	8
C	4
D	5

FONTE: ORGANIZADORES DA GINCANA.

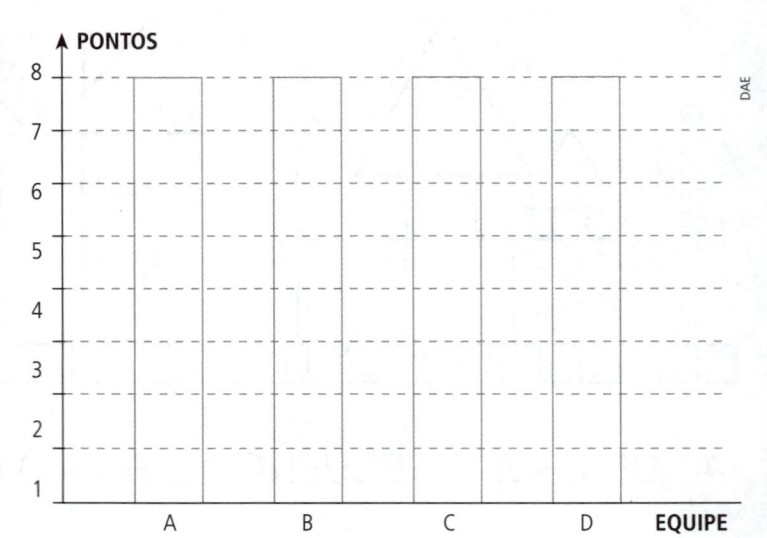

◆ A EQUIPE QUE FICOU EM PRIMEIRO LUGAR TEM QUANTOS PONTOS A MAIS DO QUE A QUE FICOU EM ÚLTIMO? _____

2 MARISA CONTOU AS CARINHAS FELIZES DE 2 EM 2.

A) QUANTOS GRUPOS ELA FORMOU? _____

B) CADA GRUPO TEM QUANTAS CARINHAS? _____

C) DIZEMOS QUE SÃO _____ VEZES 2 CARINHAS. OU PODEMOS DIZER QUE SÃO _____ CARINHAS DIVIDIDAS EM _____ GRUPOS COM _____ CARINHAS EM CADA GRUPO.

238 DUZENTOS E TRINTA E OITO

3 CONTORNE OS PASSARINHOS E FORME GRUPOS DE 5.

AGORA COMPLETE:

VOCÊ FORMOU _____ GRUPOS COM _____ PASSARINHOS

EM CADA GRUPO. AO TODO SÃO _____ PASSARINHOS.

4 DESENHE NO QUADRO A SEGUIR 3 GRUPOS COM 6 BOLAS COLORIDAS EM CADA GRUPO.

REFERÊNCIAS

BRASIL. MEC. SEB: *Base Nacional Comum Curricular*. Brasília, 2017.

BOYER, Carl B. *História da Matemática*. São Paulo: Edgar Blücher, 1996.

CARRAHER, Terezinha Nunes; SCHLIEMANN, Ana L. D.; CARRAHER, David. *Na vida dez, na escola zero*. São Paulo: Cortez, 2001.

COOL, César; TEBEROSKY, Ana. *Aprendendo matemática*. São Paulo: Ática, 2000.

D'AMBRÓSIO, Ubiratan. *Educação matemática*: da teoria à prática. 23. ed. Campinas: Papirus, 2013.

D'AMORE, Bruno. *Epistemologia e didática da Matemática*. São Paulo: Escrituras, 2005. (Coleção Ensaios Transversais).

DUHALDE, María Elena; CUBERES, María Teresa Gonzáles. *Encontros iniciais com a Matemática*: contribuição à educação infantil. Porto Alegre: Artmed, 1998.

EVES, Howard. *Introdução à história da Matemática*. Campinas: Editora da Unicamp, 1997.

FONSECA, Maria da Conceição F. R. (Org.). *Letramento no Brasil*: habilidades matemáticas. São Paulo: Global; Ação Educativa; Instituto Paulo Montenegro, 2004.

KAMII, Constance. *A criança e o número*. Trad. Regina A. de Assis. 39. ed. Campinas: Papirus, 2013.

MACHADO, Silvia Dias (Org.). *Aprendizagem em matemática*: registros de representação semiótica. 8. ed. Campinas: Papirus, 2011.

MATOS, José Manuel; SERRAZINA, Maria de Lurdes. *Didáctica da Matemática*. Lisboa: Universidade Aberta, 1996.

NUNES, Therezinha; BRYANT, Peter. *Crianças fazendo matemática*. Porto Alegre: Artmed, 1997.

PANIZZA, Mabel (Org.). *Ensinar Matemática na Educação Infantil e séries iniciais*. 2. ed. Porto Alegre: Artmed, 2006.

TOLEDO, Marília; TOLEDO, Mauro. *Didática de Matemática*: como dois e dois. São Paulo: FTD, 1997.

ENCARTES

PEÇAS PARA A ATIVIDADE DA PÁGINA 8.

ILUSTRAÇÕES: BIANCA PINHEIRO

PEÇAS PARA A ATIVIDADE 5 DA PÁGINA 21.

ILUSTRAÇÕES: LUANA COSTA

PEÇAS PARA A ATIVIDADE 1 DA PÁGINA 33.

ILUSTRAÇÕES: DANILO DOURADO

RECORTAR

RECORTAR

242 DUZENTOS E QUARENTA E DOIS

PEÇAS PARA A ATIVIDADE 3 DA PÁGINA 23.

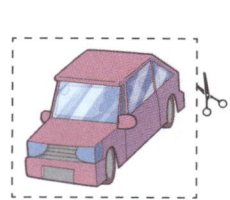

PEÇAS PARA A ATIVIDADE 9 DA PÁGINA 58.

PEÇAS PARA A ATIVIDADE 4 DA PÁGINA 67.

ILUSTRAÇÕES: DANILO DOURADO

ILUSTRAÇÕES: BIANCA PINHEIRO

ILUSTRAÇÕES: FABIANA FAIALLO

RECORTAR

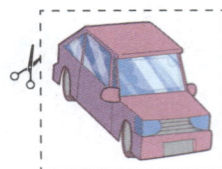

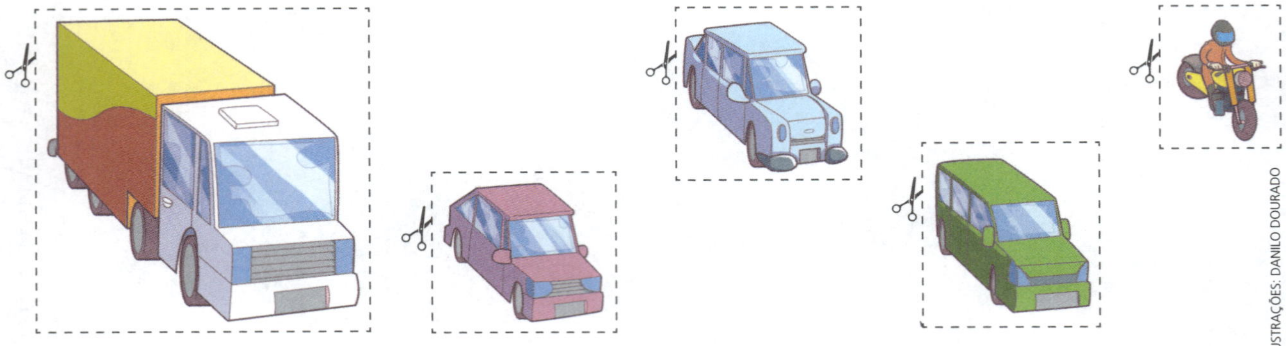

ILUSTRAÇÕES: DANILO DOURADO

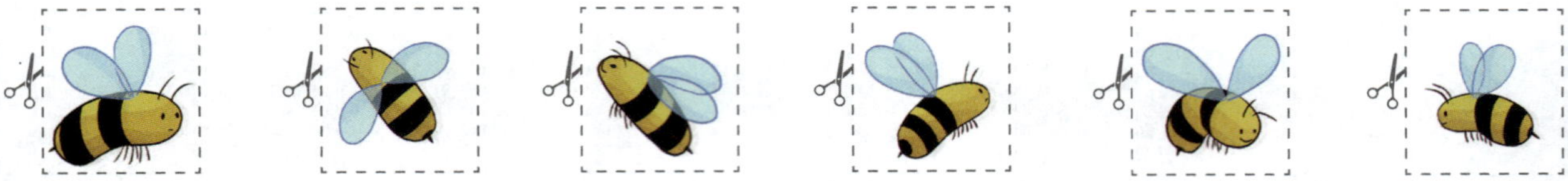

ILUSTRAÇÕES: BIANCA PINHEIRO

ILUSTRAÇÕES: FABIANA FAJALLO

244 DUZENTOS E QUARENTA E QUATRO

CARTAS PARA A ATIVIDADE DA PÁGINA 82.

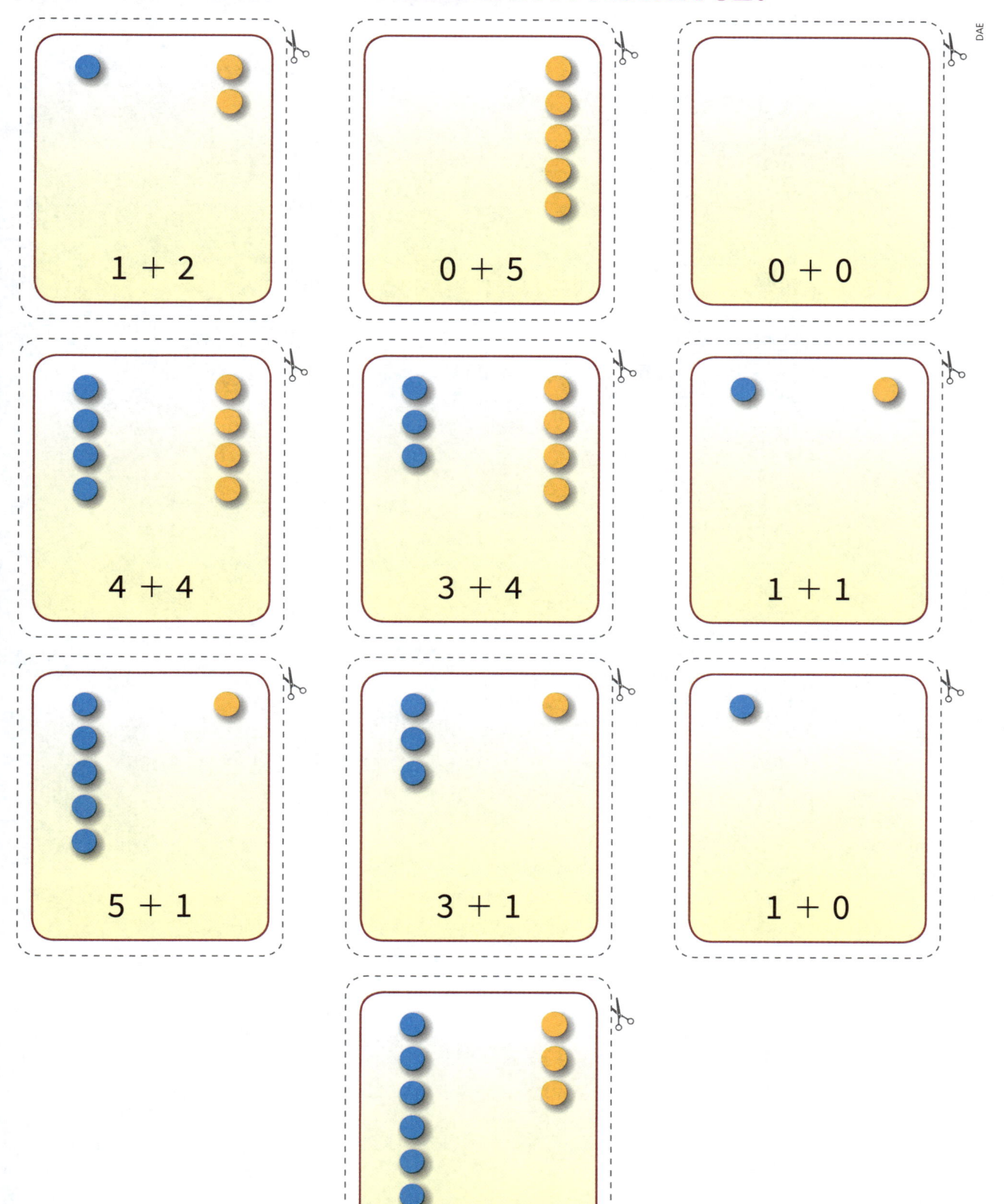

1 + 2	0 + 5	0 + 0
4 + 4	3 + 4	1 + 1
5 + 1	3 + 1	1 + 0
	6 + 3	

RECORTAR

PEÇAS PARA A ATIVIDADE DA PÁGINA 125.

OS ELEMENTOS NÃO ESTÃO REPRESENTADOS EM PROPORÇÃO.

PEÇAS PARA A ATIVIDADE 2 DA PÁGINA 180.

OS ELEMENTOS NÃO ESTÃO REPRESENTADOS EM PROPORÇÃO.

RECORTAR

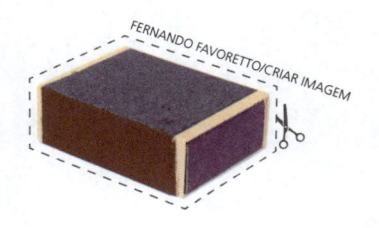

PEÇAS PARA A ATIVIDADE 3 DA PÁGINA 181.

OS ELEMENTOS NÃO ESTÃO REPRESENTADOS EM PROPORÇÃO.

PEÇAS PARA A ATIVIDADE 1 DA PÁGINA 185.

OS ELEMENTOS NÃO ESTÃO REPRESENTADOS EM PROPORÇÃO.

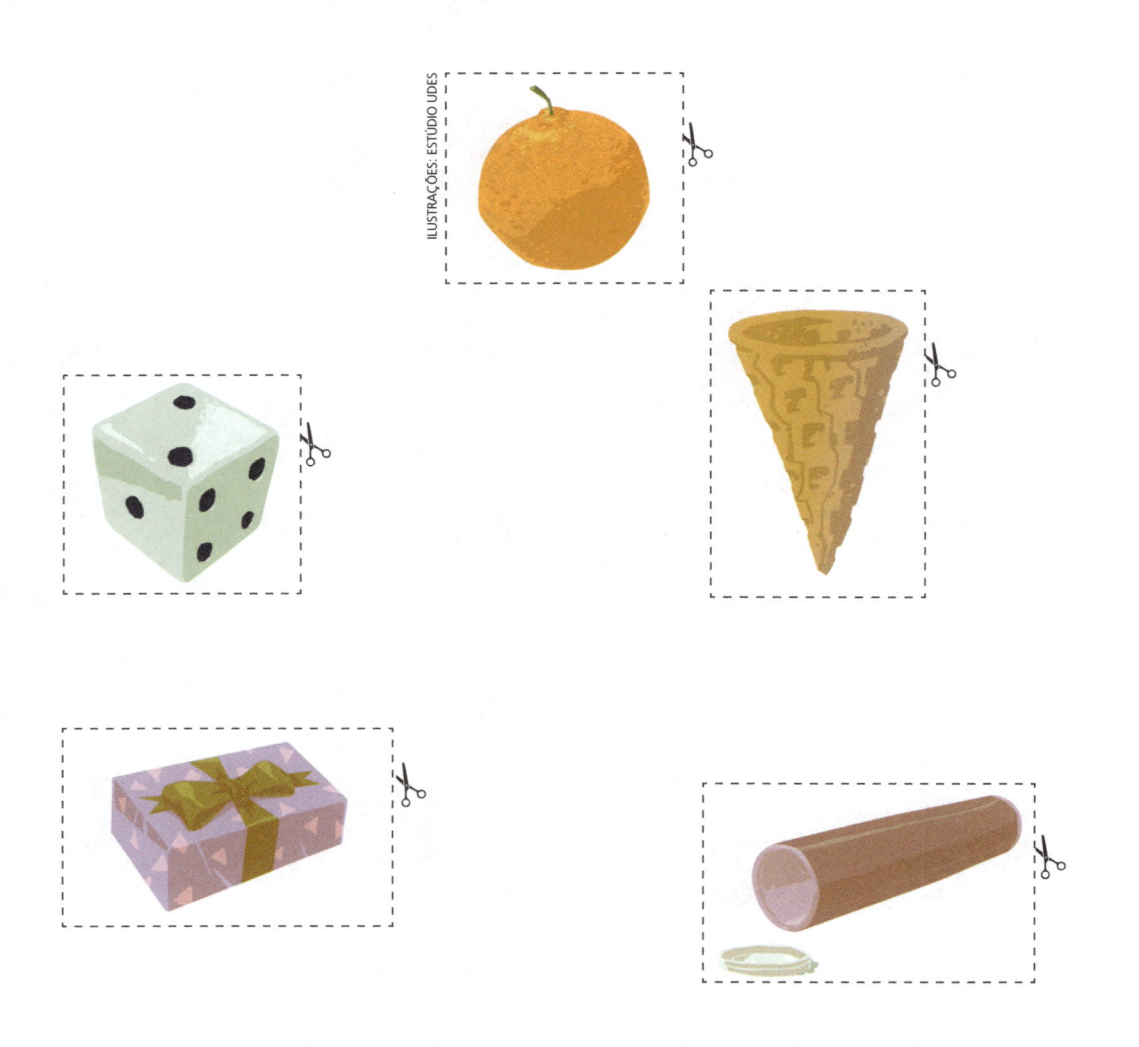

PEÇAS PARA A ATIVIDADE 1 DA PÁGINA 191.

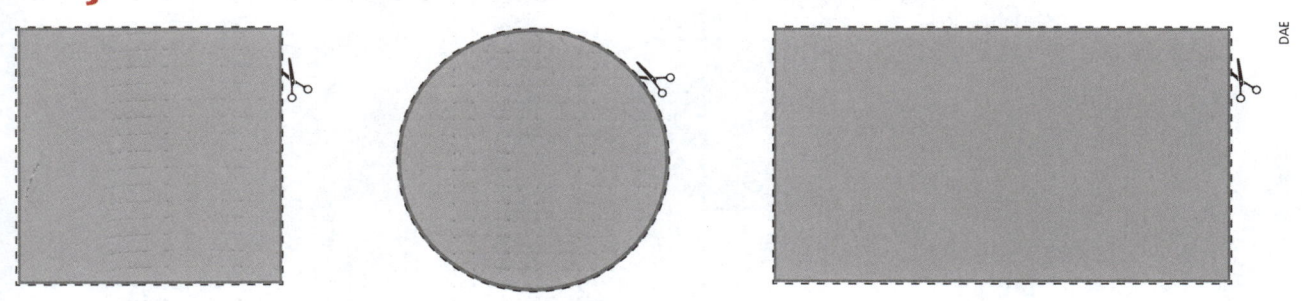

RECORTAR

PEÇAS PARA A ATIVIDADE DA PÁGINA 192.

RECORTAR

DUZENTOS E CINQUENTA E TRÊS

PEÇAS PARA A ATIVIDADE 1 DA PÁGINA 193.

OS ELEMENTOS NÃO ESTÃO REPRESENTADOS EM PROPORÇÃO.

PEÇAS PARA A ATIVIDADE 4 DA PÁGINA 219.

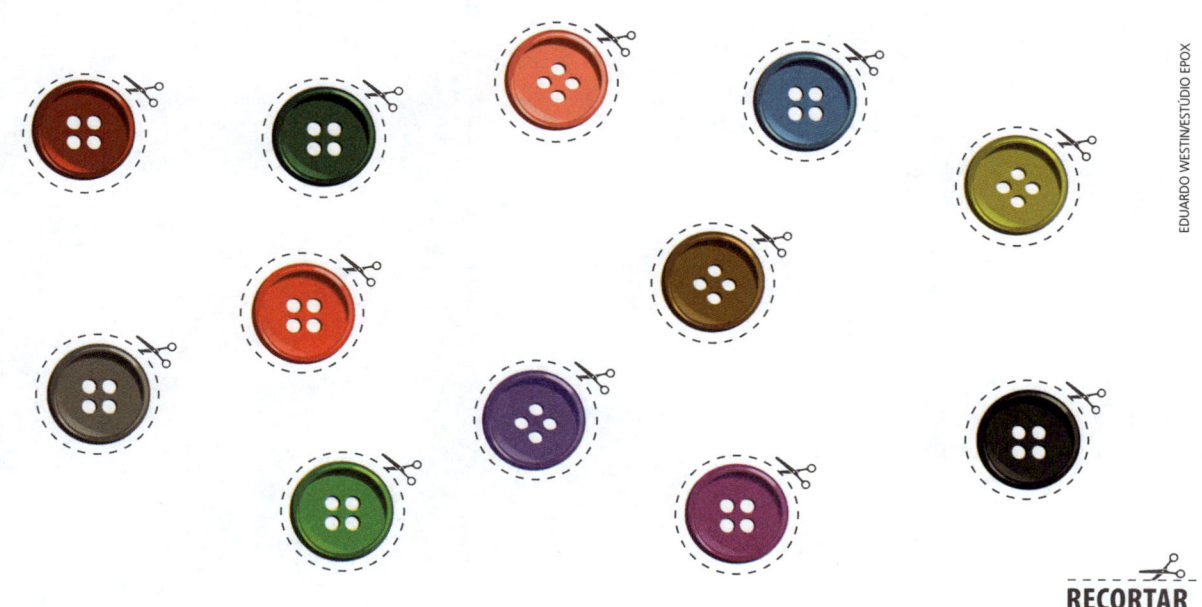

RECORTAR